武术套路竞赛规则与裁判法

(2012)

中国武术协会　审定

人民体育出版社

图书在版编目（CIP）数据

武术套路竞赛规则与裁判法：2012 / 中国武术协会审定. -- 北京：人民体育出版社, 2013（2023.2重印）
ISBN 978-7-5009-4455-3

Ⅰ. ①武… Ⅱ. ①中… Ⅲ. ①武术—竞赛规则—中国 ②武术—裁判法—中国 Ⅳ. ①G852.04

中国版本图书馆CIP数据核字(2013)第078399号

*

人民体育出版社出版发行
三河兴达印务有限公司印刷
新 华 书 店 经 销

*

850×1168 32开本 4.5印张 84千字
2013年9月第1版 2023年2月第12次印刷
印数：44,001—49,000册

*

ISBN 978-7-5009-4455-3
定价：18.00元

社址：北京市东城区体育馆路8号（天坛公园东门）
电话：67151482（发行部） 邮编：100061
传真：67151483 邮购：67118491
网址：www.psphpress.com
（购买本社图书，如遇有缺损页可与邮购部联系）

修订说明

为适应竞技武术规范化、标准化、国际化发展的实际需要，现行规则自2002年开始推广和试行以来，经过多次全国性专题研讨、修订以及在训练和竞赛中不断实践、充实与完善，更加科学和量化。这是首次将规则与裁判法进行分离，出版《武术套路竞赛规则与裁判法》。

本规则与裁判法的制定旨在健全竞赛机制，倡导科学量化，追求公正准确，引领技术方向，提高竞技水平。

本规则与裁判法适用于全国性和较大规模的比赛，地方各级比赛可根据实际情况参照执行。

目 录

武术套路竞赛规则

武术套路竞赛裁判法

武术套路

竞赛规则

第一章　竞赛通则

第一条　竞赛类型

（一）按形式分类

1. 个人赛。

2. 团体赛。

3. 个人及团体赛。

（二）按年龄分类

1. 成年赛。

2. 青少年赛。

3. 儿童赛。

第二条　竞赛项目

（一）自选项目

1. 自选拳术：长拳、南拳、太极拳。

2. 自选器械：剑术、刀术、枪术、棍术、南刀、南棍、太极剑。

（二）规定项目

1. 规定拳术：各项目规定拳术。

2. 规定器械：各项目规定器械。

（三）对练项目

徒手对练、器械对练、徒手与器械对练。

（四）传统项目

传统拳术和传统器械。

（五）集体项目

第三条　竞赛年龄分组

（一）成年组：18 周岁以上（含 18 周岁）。

（二）青少年组：12 周岁至 18 周岁以下。

（三）儿童组：不满 12 周岁。

第四条　确定比赛顺序

在竞赛监督委员会和总裁判长的监督下，由编排记录长在技术会议后组织抽签，确定比赛顺序。比赛如有预、决赛，决赛的比赛顺序按运动员预赛成绩由低到高确定。如预赛排名相同，则抽签确定比赛顺序。

第五条　检　录

运动员须在赛前 30 分钟到达指定地点报到，参加第一次检录；赛前 20 分钟进行第二次检录；赛前 10 分钟进行最后一次检录。

第六条　礼　仪

运动员听到上场点名、完成比赛套路及现场成绩宣告时，应向裁判长行抱拳礼。

第七条　计　时

运动员由静止姿势开始动作，计时开始；当运动员完成全套动作后并步站立，计时结束。

第八条　示　分

对运动员的比赛结果公开示分。

第九条　弃　权

运动员无故不参加检录与比赛，按弃权论处，之前已取得的各项成绩全部无效。

第十条　申　诉

（一）内容与范围

仅限对本队运动员在比赛中难度评判和套路完成时间有异议的申诉。

（二）程序及要求

1. 程序

运动队如果对本队运动员的评判结果有异议，必须在该项比赛结束后 15 分钟内，由该队领队或教练员向仲裁委员会以书面形式提出申诉，同时交付人民币 1000 元的申诉费。

2. 要求

一次申诉仅限一项内容。

（三）处理

经仲裁委员会审议，如评判结果正确，提出申诉的运动队必须服从。如果无理纠缠，根据情节轻重，仲裁委员会可建议竞赛监督委员会给予严肃处理，直至取消比赛成绩。如评判结果有误，仲裁委员会提出申请，由竞赛监督委员会对错判的裁判员进行处理，退回申诉费。裁决结果应及时通报组委会并通知提出申诉的运动队。

第十一条　创新难度申报

（一）创新原则

必须符合武术运动的本质属性和运动规律，必须是自选项目“动作难度内容、等级、分值与编码表”中未出现的B级（含B级）以上的动作难度。

（二）申报程序

每次比赛每个套路限报一个创新动作难度（含连接难度）。申报单位必须以书面形式配以技术图解和本人演练的视频片断，在赛前50天报至中国武术协会（以到达邮戳为准）。

（三）鉴定机构

由中国武术协会聘请有关专家5~7人组成“全国武术套路创新技术鉴定委员会”，负责难度鉴定工作。

（四）鉴定程序

全国武术套路创新技术鉴定委员会依据创新原则鉴定后（须三分之二以上的委员投票通过），确定创新动作难度的命名、等级、加分分值、动作错误内容及扣分标准与编码，并及时通知申报单位。赛前还应以书面形式通知仲裁委员会和裁判员。

第十二条　兴奋剂检测

根据《奥林匹克宪章》的规定和国际奥林匹克委员会的有关要求，进行兴奋剂检测。

第十三条　名次评定

（一）个人单项（含对练）名次

按比赛成绩高低排列名次，得分最高者为该单项的第一名，次高者为第二名，依次类推。

（二）个人全能名次

按各单项成绩总和的高低排列名次，得分最高者为全能第一名，次高者为第二名，依次类推。

（三）集体项目名次

按比赛成绩高低排列名次，得分最高者为该项的第一名，次高者为第二名，依次类推。

（四）团体名次

根据竞赛规程关于团体名次的确定办法进行评定。

（五）得分相同的处理

1. 个人项目得分相同时的处理

得分相同时，按以下顺序评定：

(1) 难度应得分高者列前。

(2) 完成高等级难度数量多者列前。

(3) 演练水平应得分高者列前。

(4) 演练水平分中的低无效分高者列前。

（5）如仍相同，名次并列。

（6）比赛如有预赛和决赛，决赛成绩相同时，按上述第（1）（2）（3）（4）条办法确定后仍相同，则预赛成绩高者列前。

2. 个人全能得分相同时的处理

得分相同时，比赛中获单项第一名多者列前；如仍相同，则获得第二名多者列前，依次类推；如获得所有名次均相同，则并列。

3. 规定、对练、传统、集体项目得分相同时的处理

得分相同时，按个人项目得分相同时的处理办法的第（3）（4）（5）（6）条办法确定名次。

4. 团体总分相同时的处理

得分相同时，全队获得单项第一名多者列前；如仍相同，则获得第二名多者列前，依次类推；如获得单项名次均相同，则并列。

第十四条　套路完成时间

（一）自选套路：长拳、南拳、剑术、刀术、枪术、棍术、南刀、南棍套路，成年不少于 1 分 20 秒钟，青少年（含儿童）不少于 1 分 10 秒钟。太极拳、太极剑套路为 3~4 分钟。

（二）规定套路：太极拳套路为 5~6 分钟，太极剑套路为 3~4 分钟。

（三）对练套路不少于 50 秒钟。

（四）传统套路不少于 1 分钟。

（五）集体项目为 3~4 分钟。

第十五条　比赛场地

（一）个人项目的比赛场地为长 14 米、宽 8 米，其周围至少有 2 米宽的安全区。

（二）集体项目的比赛场地为长 16 米、宽 14 米，其周围至少有 1 米宽的安全区。

（三）比赛场地四周内沿应标明 5 厘米宽的白色边线。

（四）比赛场地的空间高度不少于 8 米。

（五）两个比赛场地邻近边缘距离 6 米以上。

（六）根据实际情况比赛场地可高出地面 0.6~1 米。

（七）比赛场地灯光照度应达到 1500 勒克斯以上。

第十六条　比赛服装

裁判员统一着装，运动员穿武术比赛服装。

第十七条　比赛器械

（一）使用中国武术协会指定的比赛器械。

（二）器械要求：左手持剑或抱刀，剑尖或刀尖不低于运动员本人耳上端，刀彩自然下垂的长度不短于 30 厘米。棍、南棍的长度不短于运动员本人身高。枪的长度不短于运动员本人并步直立直臂上举时从脚底至中指尖的长度，枪缨长度不短于 20 厘米且不得太稀疏。南刀刀尖在运动员左手抱刀时不低于本人下颌。

第十八条　比赛音乐

配乐项目必须在音乐伴奏下进行，音乐自行选择。

第十九条　比赛设备

按照中国武术协会的技术标准与要求执行。

第二章　裁判员组成及职责

第二十条　裁判员组成

（一）执行裁判员

1. 总裁判长 1 人，副总裁判长 1~2 人。

2. 自选项目：裁判长 1 人，A 组评分裁判员 3 人，B 组评分裁判员 3 人，C 组评分裁判员 3 人。

3. 规定、对练、传统和集体项目：裁判长 1 人，A 组评分裁判员 3 人，B 组评分裁判员 3 人。

4. 编排记录长 1 人。

5. 检录长 1 人。

（二）辅助裁判员

1. 编排记录员 3~5 人。

2. 检录员 3~6 人。

3. 宣告员 1~2 人。

4. 放音员 1~2 人。

5. 仲裁摄像员 2~4 人。

第二十一条　裁判员职责

（一）总裁判长

1. 组织领导裁判工作，保证竞赛规则和规程的执行，检查落实赛前各项准备工作。

2. 解释规则，但无权修改规则。

3. 在比赛过程中，根据比赛需要可调动裁判员工作；裁判员发生严重错误时，有权处理。

4. 审核并宣布成绩，做好裁判工作总结。

（二）副总裁判长

1. 协助总裁判长工作。

2. 在总裁判长缺席时，代行其职责。

（三）裁判长

1. 组织裁判员业务学习，审核难度及规定内容申报表。

2. 组织实施裁判工作，并执行运动员整套演练水平的评分。

3. 执行比赛中对运动员套路完成时间不足或超出规定的扣分，负责运动员比赛套路创新难度的加分。

4. 评分裁判员发生严重的评判错误时，可向总裁判长建议给予相应的处理。

（四）评分裁判员

1. 服从裁判长的领导，参加裁判学习，做好准备工作。

2. 认真执行规则，独立评分，并做详细记录。

3. A 组评分裁判员执行运动员整套动作质量的评分。

4. B 组评分裁判员执行运动员整套演练水平的评分。

5. C 组评分裁判员执行运动员整套难度的评分。

（五）编排记录长

1. 组织安排编排记录工作。

2. 审查报名表、难度及规定内容申报表，并根据大会要求编排秩序册、成绩册。

3. 准备比赛所需的竞赛表格，审核比赛成绩及排列名次。

（六）检录长

1. 组织安排检录工作。

2. 按比赛顺序按时检录。

3. 检查比赛服装和比赛器械。

4. 组织颁奖仪式的检录工作。

（七）编排记录员

根据编排记录长分配的任务进行工作。

（八）检录员

根据检录长分配的任务进行工作。

（九）宣告员

介绍竞赛规程、规则和武术套路运动知识，及时做好临场宣告。

（十）放音员

1. 为运动队试播音乐，并做好电脑备份。

2. 为配乐项目播放音乐。

（十一）仲裁摄像员

1. 对全部竞赛项目进行现场摄像。

2. 遵照仲裁委员会、竞赛监督委员会的要求，负责播放相关项目的录像。

3. 管理全部录像，存档保留。

第三章　仲裁委员会组成及职责

第二十二条　仲裁委员会组成

由主任、副主任、委员共 3 人或 5 人组成。

第二十三条　仲裁委员会职责

（一）接受运动队的申诉，并及时做出裁决，但不改变评判结果。

（二）仲裁委员会人员不参加与本人所在单位有牵连问题的讨论与表决。

（三）参加审议的仲裁委员会人员必须超过半数，表决时超过半数以上人员做出的决定才有效。表决投票相同时，仲裁委员会主任有决定权。

（四）仲裁委员会的裁决为最终裁决。

第四章　竞赛监督委员会组成及职责

第二十四条　竞赛监督委员会组成

由主任、副主任、委员共3~5人组成。

第二十五条　竞赛监督委员会职责

（一）监督、检查仲裁委员会的工作。

（二）监督、检查裁判员的工作。

（三）监督、检查运动队的比赛行为。

（四）有权对仲裁委员会人员、裁判员和运动队的违纪行为做出处罚。

竞赛监督委员会不直接参与仲裁委员会和裁判员职责范围内的工作，不干涉仲裁委员会、裁判员正确履行自己的职责，不介入裁决结果的纠纷，不改变裁判员、仲裁委员会的裁决结果。

第五章　评分方法与标准

第二十六条　自选项目评分方法与标准

（一）评分方法

1. 各项目比赛的满分为 10.00 分（不含创新难度加分），其中动作质量的分值为 5.00 分、演练水平的分值为 3.00 分、难度的分值为 2.00 分（包括动作难度分值 1.40 分和连接难度分值 0.60 分）。

2. A 组评分裁判员根据运动员演练时出现的动作错误和其他错误进行扣分。

3. B 组评分裁判员和裁判长根据运动员整套动作的演练评定等级分，并对不符合编排要求的内容进行扣分。

4. C 组评分裁判员根据运动员现场动作难度和连接难度的完成情况进行评定。

（二）评分标准

1. 动作质量

动作与规格要求不符，每出现一次扣 0.10 分；其他错误每出现一次扣 0.10~0.30 分。

2. 演练水平

演练水平的评分，包括演练水平等级分的评定和编排扣分。

（1）演练水平等级分的评定

演练水平等级分的评分标准：按劲力、协调、节奏、风格、配乐的评分标准分为3档9级，其中3.00~2.51分为好、2.50~1.91分为一般、1.90~1.01分为不好。

（2）编排扣分

运动员完成的套路与编排要求的内容不符，每出现一次扣0.10~0.20分。

3. 难度

（1）动作难度

①完成一个A级动作难度计0.20分，完成一个B级动作难度计0.30分，完成一个C级动作难度计0.40分。动作难度的累计分如超过1.40分，则按1.40分计算。

②每个动作难度的分值只计算一次。作为降分处理的难度动作，只能编排在难度动作中的最后一个。

③动作难度不符合要求，则不计算动作难度分。

（2）连接难度

①完成一个A级连接难度计0.05分，完成一个B级连接难度计0.10分，完成一个C级连接难度计0.15分，完成一个D级连接难度计0.20分。连接难度的累计分如超过0.60分，则按0.60分计算。

②每个连接难度的分值只计算一次。作为降分处理的连接动作，只能与最后一个可连接的难度动作相连接。

③连接难度不符合要求，则不计算连接难度分。

（3）创新难度加分

①完成一个创新的B级动作难度（含连接难度）加

0.10 分，完成一个创新的 C 级动作难度（含连接难度）加 0.15 分，完成一个创新的超 C 级动作难度加 0.20 分。

②动作完成与鉴定的创新难度不符，不予加分。

第二十七条　规定、对练和集体项目评分方法与标准

（一）评分方法

1. 各项目比赛的满分为 10.00 分，其中动作质量的分值为 5.00 分、演练水平的分值为 5.00 分。

2. A 组评分裁判员根据运动员演练时出现的动作错误和其他错误进行扣分。

3. B 组评分裁判员和裁判长根据运动员整套动作的演练评定等级分，并对不符合编排要求的内容进行扣分。

（二）评分标准

1. 动作质量

动作与规格要求不符，每出现一次扣 0.10 分；其他错误每出现一次扣 0.10~0.30 分。

2. 演练水平

演练水平的评分，包括演练水平等级分的评定和编排扣分。

（1）演练水平等级分的评定

演练水平等级分的评分标准：按劲力、协调、节奏、风格、配乐的评分标准分为 3 档 9 级，其中 5.00~4.21 分为好、4.20~3.01 分为一般、3.00~1.51 分为不好。

（2）编排扣分

运动员完成的套路与编排要求的内容不符，每出现一

次扣0.10~0.20分。

第二十八条　传统项目评分方法与标准

（一）评分方法

1. 各项目比赛的满分为10.00分，其中动作质量的分值为5.00分、演练水平的分值为5.00分。

2. A组评分裁判员根据运动员演练时出现的动作错误和其他错误进行扣分。

3. B组评分裁判员和裁判长根据运动员整套动作的演练评定等级分。

（二）评分标准

1. 动作质量

动作与规格要求不符，每出现一次扣0.10分；其他错误每出现一次扣0.10~0.30分。

2. 演练水平

演练水平等级分的评分标准：按劲力、协调、节奏、风格、配乐的评分标准分为3档9级，其中5.00~4.21分为好、4.20~3.01分为一般、3.00~1.51分为不好。

第二十九条　对所示分数的要求

A组、B组与C组评分裁判员和裁判长所示分数到小数点后两位数。

第三十条　应得分的确定

（一）自选项目

动作质量应得分、演练水平应得分和难度应得分之和，即为运动员的应得分。

1. 动作质量应得分

A 组 3 名评分裁判员中，至少 2 名对运动员演练时出现的不符合规格要求的动作或其他错误内容同时确认时，按照其扣分标准进行扣分，累计所扣分数为动作质量应扣分。

动作质量分值减去动作质量应扣分，即为动作质量应得分。

2. 演练水平应得分

B 组 3 名评分裁判员和裁判长对运动员整套动作的演练评定等级分，取中间两个分数的平均值为演练水平等级分。等级分取到小数点后两位数，两位数之后的数字无效。

B 组 3 名评分裁判员和裁判长中，至少 2 名对运动员演练时出现的不符合编排要求的内容同时确认时，按照其扣分标准进行扣分，累计所扣分数为编排扣分。

演练水平等级分减去编排扣分，即为演练水平应得分。

3. 难度应得分

C 组 3 名评分裁判员中，至少 2 名对运动员完成的动作难度或连接难度同时确认时，按照其难度分值进行加分，累计所加分数为难度应得分。

（二）规定、对练和集体项目

动作质量应得分和演练水平应得分之和，即为运动员（队）的应得分。

1. 动作质量应得分

A 组 3 名评分裁判员中，至少 2 名对运动员（队）演练时出现的不符合规格要求的动作或其他错误内容同时确认时，按照其扣分标准进行扣分，累计所扣分数为动作质量应扣分。

动作质量分值减去动作质量应扣分，即为动作质量应得分。

2. 演练水平应得分

B 组 3 名评分裁判员和裁判长对运动员（队）整套动作的演练评定等级分，取中间两个分数的平均值为演练水平等级分。等级分取到小数点后两位数，两位数之后的数字无效。

B 组 3 名评分裁判员和裁判长中，至少 2 名对运动员（队）演练时出现的不符合编排要求的内容同时确认时，按照其扣分准标进行扣分，累计所扣分数为编排扣分。

演练水平等级分减去编排扣分，即为演练水平应得分。

（三）传统项目

动作质量应得分和演练水平应得分之和，即为运动员的应得分。

1. 动作质量应得分

A 组 3 名评分裁判员对运动员演练时出现的动作错误和其他错误，按照其扣分标准进行扣分，3 人所扣分数的平均值为动作质量应扣分。动作质量应扣分取到小数点后两位数，两位数之后的数字无效。

动作质量的分值减去动作质量应扣分，即为动作质量应得分。

2. 演练水平应得分

B 组 3 名评分裁判员和裁判长对运动员整套动作的演练

评定等级分，取中间两个分数的平均值为演练水平应得分。演练水平应得分取到小数点后两位数，两位数之后的数字无效。

第三十一条　最后得分的确定

（一）自选项目

裁判长从运动员的应得分中减去“裁判长的扣分”，加上“创新难度的加分”，即为运动员的最后得分。

（二）规定、对练、传统和集体项目

裁判长从运动员的应得分中减去“裁判长的扣分”，即为运动员的最后得分。

第三十二条　裁判长的加分与扣分

（一）裁判长执行对完成的创新难度的加分。

（二）裁判长执行对套路完成时间不足或超出规定的扣分。

1. 自选项目

长拳、南拳、剑术、刀术、枪术、棍术、南刀、南棍及对练套路，不足规定时间在 2 秒钟以内者（含 2 秒钟）扣 0.10 分，在 2 秒钟以上至 4 秒钟以内者（含 4 秒钟）扣 0.20 分，依次类推。

太极拳、太极剑套路，不足或超出规定时间在 5 秒钟以内者（含 5 秒钟）扣 0.10 分，在 5 秒钟以上至 10 秒钟以内者（含 10 秒钟）扣 0.20 分，依次类推。

2. 集体项目

不足或超出规定时间在5秒钟以内者（含5秒钟）扣0.10分，在5秒钟以上至10秒钟以内者（含10秒钟）扣0.20分，依次类推。

（三）由于某种不可预见的原因（诸如场馆原因、计分系统受损等），致使比赛开始后暂时中断、运动员无法继续演练比赛套路时，视具体情况，经裁判长允许后可接做或重做一次，不予扣分。接做应在恢复正常比赛秩序后5分钟内在套路中断处开始继续演练，重做应安排在该组最后一名上场。如该组最后一名运动员重做，应在恢复正常比赛秩序后5分钟内重新开始演练。

（四）如裁判员在评分中出现明显不合理的现象或明显错误时，在示出运动员的最后得分前，裁判长经总裁判长同意后可做适当调整。

第六章　自选项目套路内容规定

第三十三条　长拳、剑术、刀术、枪术、棍术套路内容的规定

（一）长拳：至少包括拳、掌、勾三种手型，三种拳法，两种掌法，一种进攻性肘法，弓步、马步、仆步、虚步、歇步五种步型，直摆、屈伸、扫转三种腿法，一种持久性平衡。

（二）剑术：至少包括刺剑、挂剑、撩剑、点剑、劈剑、崩剑、截剑、剪腕花八种剑法（其中必须有完整的左右挂剑接背后穿挂剑），弓步、仆步、虚步三种步型，一种持久性平衡。

（三）刀术：至少包括缠头、裹脑、劈刀、扎刀、斩刀、挂刀、云刀、背花刀八种刀法（其中必须有完整的缠头、裹脑刀），弓步、仆步、虚步三种步型。

（四）枪术：至少包括拦枪、拿枪、扎枪、穿枪、崩枪、点枪、舞花枪、挑把八种枪法（其中必须有连续3个一次性完成的拦、拿、扎枪），弓步、仆步、虚步三种步型。

（五）棍术：至少包括平抡棍、劈棍、云棍、崩棍、绞棍、戳棍、舞花棍、提撩花棍八种棍法（其中必须有连续

3 个一次性完成的双手提撩花棍），弓步、仆步、虚步三种步型。

第三十四条　南拳、南刀、南棍套路内容的规定

（一）南拳：至少包括虎爪一种手型，挂盖拳、抛拳两种拳法，滚桥一种桥法，弓步、仆步、虚步、蝶步、骑龙步五种步型，麒麟步一种步法，横钉腿一种腿法。

（二）南刀：至少包括缠头、裹脑、劈刀、抹刀、格刀、截刀、扫刀、剪腕花刀八种刀法，弓步、虚步、骑龙步三种步型。

（三）南棍：至少包括劈棍、崩棍、绞棍、滚压棍、格棍、击棍、顶棍、抛棍八种棍法，弓步、虚步、骑龙步三种步型。

第三十五条　太极拳、太极剑套路内容的规定

（一）太极拳：至少包括揽雀尾、左右野马分鬃、左右搂膝拗步、云手、左右穿梭、掩手肱捶、左右倒卷肱、搬拦捶八种动作，弓步、仆步、虚步三种步型，两种腿法。

（二）太极剑：至少包括刺剑、左右挂剑、撩剑、点剑、劈剑、截剑、抹剑、绞剑八种剑法，弓步、仆步、虚步三种步型。

第三十六条　对练套路内容的规定

（一）徒手对练：至少包括三种拳法、两种掌法、五种腿法和两种跌法。

（二）器械对练：至少包括六种器械方法、两种腿法和一种跌法。

（三）徒手与器械对练：至少包括三种拳法、四种器械方法和两种跌法。

第三十七条　集体项目内容的规定

（一）内容：至少包括五种手法或器械方法、五种步型、四种不同类型的腿法和三种跳跃。

（二）队形：至少包括五种不同图案的队形变化。

第七章　其　他

第三十八条　比赛服装的款式及规格

（一）长拳、刀术、剑术、枪术、棍术、对练项目

1. 立领、短袖（长袖均为灯笼袖，袖口为紧口）上衣。男子的上衣为对襟有七对直襻，女子的上衣为半开对襟有三对直襻，周身有 1 厘米的边。

2. 灯笼裤，松紧腰，横、立裆要适宜。

3. 软腰巾或硬腰带。

（二）南拳、南刀、南棍项目

1. 无领、对襟上衣。男子的上衣为无袖，女子的上衣

为短袖，均有七对直襻，周身有 1 厘米的边。

2. 灯笼裤，松紧腰，横、立裆要适宜。

3. 软腰巾或硬腰带。

（三）太极拳、太极剑项目

1. 立领、对襟、长袖上衣。上衣有七对直襻，灯笼袖，袖口为紧口。上衣底边位置不超过本人直臂下垂时中指指尖，周身有 1 厘米的边。

2. 灯笼裤，松紧腰，横、立裆要适宜。

（四）其他

各款式比赛服装面料、颜色可任选，可在规定的服装款式上增加各种图案。

第三十九条　比赛场地布局与临场裁判员坐席

（一）比赛场地布局示意图

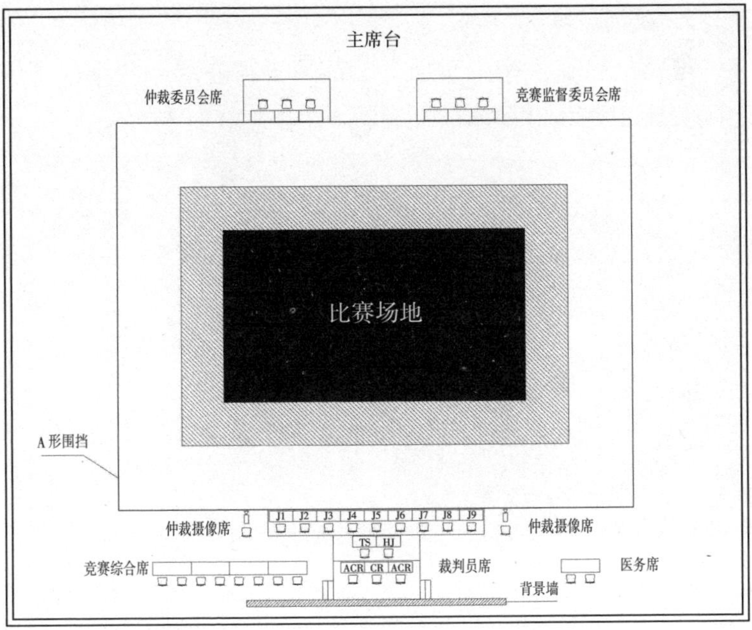

（二）临场裁判员坐席

1. 临场裁判员坐位

① J1~J9 为评分裁判员，裁判员之间间隔 50 厘米。J1、J4、J7 为 A 组评分裁判员，J3、J6、J9 为 B 组评分裁判员，

J2、J5、J8 为 C 组评分裁判员。

② HJ 为裁判长，TS 为电子计分系统人员。

③ CR 为总裁判长，ACR 为副总裁判长。

进行无难度要求的比赛时，评分裁判员由 6 人组成，裁判员之间间隔 50 厘米。J1、J3、J5 为 A 组评分裁判员，J2、J4、J6 为 B 组评分裁判员。

无电子计分系统时，裁判长两侧分别为记录员和计时员。

2. 裁判员席

裁判员席在主席台对面，分前后三排布局，两排裁判员之间相距 120~150 厘米，后排高出前排 40 厘米。

武术套路
竞赛裁判法

第八章　职责的履行

第一节　裁判员

一、执行裁判员

（一）总裁判长

1. 全面负责赛区的竞赛裁判工作。

2. 制定裁判员赛前学习计划，组织裁判员业务学习和评判演练，解释规程和规则。

3. 检查比赛场地、竞赛器材、裁判用具、竞赛表格、电子计分系统。

4. 参加技术会议，通报比赛注意事项，解答运动队提出的技术性问题。监督抽签全过程。

5. 负责宣告员、放音员、仲裁摄像员的业务指导。

6. 赛前一天，组织裁判员及电子计分系统人员、宣告员、放音员、仲裁摄像员参加模拟比赛联合演练。

7. 每场比赛开始前组织预备会，结束后对本场比赛的执裁情况进行小结。

8. 在比赛过程中，根据比赛需要可调动裁判员工作。裁判员发生严重错误时，及时处理。

9. 审核比赛成绩。

10. 赛后召开总结会，并将裁判工作总结于赛后 15 天内交到赛事主办单位。

（二）副总裁判长

1. 在总裁判长的领导下开展工作。

2. 按照总裁判长的安排，协助总裁判长落实各项工作。

（三）裁判长

1. 在总裁判长的领导下开展工作。

2. 带领裁判员业务学习，参加模拟比赛联合演练。

3. 审核难度及规定内容申报表。

4. 组织实施裁判工作，参加运动员整套演练水平的评分。

5. 执行对套路完成时间不足或超出规定的扣分，负责运动员比赛套路创新难度的加分。

6. 评分裁判员发生严重评判错误时，可向总裁判长建议给予相应的处理。

（四）评分裁判员

1. 服从裁判长的领导，参加裁判业务学习和模拟比赛联合演练，做好赛前准备工作。

2. 执行规则，根据运动员临场表现独立进行评分，并做详细的裁判记录。

3. A 组评分裁判员参加运动员整套动作质量的评分。

4. B 组评分裁判员参加运动员整套演练水平的评分。

5. C 组评分裁判员参加运动员整套难度的评分。

（五）编排记录长

1. 全面负责编排记录工作，根据需要确定岗位，分配工作。

2. 组织编排记录员学习规则、规程及有关竞赛规定。

3. 审核报名表、难度及规定内容申报表。

4. 编排大会日程、训练日程和竞赛日程，编制秩序册，准备竞赛表格。

5. 检查验收编排用具及有关奖品。

6. 参加技术会议，组织赛前抽签，排定各项目运动员比赛顺序。

7. 组织编排记录员参加模拟比赛联合演练。

8. 及时将检录结果通知有关人员。

9. 审核比赛成绩及排列名次。

10. 组织“体育道德风尚奖”评选结果的统计工作。

11. 编排成绩册并按时送达各运动队。

（六）检录长

1. 全面负责检录工作，根据需要确定岗位，分配工作。

2. 组织检录员学习规则、规程及有关竞赛规定，特别是本次比赛对比赛服装和比赛器械的要求。

3. 检查验收检录用具的规格和数量。

4. 配合竞赛组织设计运动员进、退场流线，设立检录处。

5. 组织检录员参加模拟比赛联合演练。

6. 将检录结果及时通报编排记录长。

二、辅助裁判员

（一）编排记录员

1. 按照编排记录长的安排开展工作。

2. 学习规则、规程及有关竞赛规定，参加模拟比赛联合演练。

3. 按规程要求审查报名表，包括运动员报名人数及每名运动员报项，并做好统计。

4. 编排大会日程、训练日程和竞赛日程，编制秩序册。

5. 审核难度及规定内容申报表。

6. 抽签后复印各项目运动员比赛顺序表并及时送达各运动队。

7. 准备比赛所需的各类竞赛表格。

8. 设立成绩公告栏，及时张贴各项目比赛成绩公告。

9. 遵照编排记录长的指示及时将最终检录结果准确传达给总裁判长、电子计分系统人员和宣告员。

10. 打印证书并及时发放。

11. 颁奖仪式开始前，及时将领奖运动员名单送达检录长、宣告员和颁奖仪式人员。

12. 运动队报到时，发放“体育道德风尚奖”运动员、运动队推荐评选表，在第二次组委会会议前统计出评选结果。

13. 编制成绩册并及时送达各运动队。

（二）检录员

1. 按照检录长的安排开展工作。

2. 学习规则、规程及有关竞赛规定，参加模拟比赛联合演练。

3. 按照比赛顺序，于赛前30分钟进行第一次检录，并检查运动员比赛器械和比赛服装；赛前 20 分钟进行第二次检录；赛前 10 分钟进行最后一次检录。

4. 本项目比赛开始 5 分钟前，将运动员集中到运动员指定候场区域。

5. 引导本项目运动员入场，向裁判长行抱拳礼后递交检录后的比赛顺序表和评分记录总表。

6. 运动员入场比赛前，核查运动员身份卡，查验比赛服装和比赛器械。

7. 引导运动员进场比赛和赛后退场。

8. 颁奖仪式开始前，对领奖运动员（队）进行检录。

（三）宣告员

1. 熟悉本次比赛的竞赛规程、规则、项目特点、武术套路运动的知识，以及观赛注意事项和有关宣传材料。

2. 熟悉运动员、裁判员、仲裁委员会人员和竞赛监督委员会人员的相关信息。

3. 参加模拟比赛联合演练。

4. 每场赛前一小时到场，介绍本次比赛情况和武术套路运动的知识，以及本场比赛项目的特点等，宣告《观众观赛须知》。

5. 宣告比赛开始。介绍竞赛监督委员会、仲裁委员会和临场裁判员。

6. 宣告每名运动员比赛的最后得分。

7. 宣读组委会通知。如遇突发事件，按应急预案的要求及时播报。

8. 主持颁奖仪式。

（四）放音员

1. 准备礼仪曲目以及音像宣传材料。

2. 在运动队赛前训练期间，配合运动队试播比赛音乐并做好电脑备份。

3. 参加模拟比赛联合演练。

4. 每场赛前一小时到场，播放音像宣传材料。

5. 配合比赛进程和颁奖仪式，播放礼仪曲目。

6. 配乐项目比赛时，配合运动队播放音乐。

（五）仲裁摄像员

1. 检查摄像器材，确保工作正常进行。

2. 参加模拟比赛联合演练。

3. 对每名运动员整个比赛套路进行不间断录像，确保影像清晰。

4. 根据工作需要，负责播放相关录像。

5. 赛后需经仲裁委员会主任同意后方能离开赛场。

6. 妥善保管整个比赛的全部录像，赛后交到主办单位存档。

第二节　仲裁委员会人员

一、主任

（一）组织仲裁委员会全体成员学习规则和规程。

（二）检查摄像机、播放器和显示器等相关仲裁设备。

（三）参加赛前裁判学习，统一评判尺度。

（四）参加技术会议，说明有关申诉注意事项。

（五）每项赛后开始计时，15 分钟后不受理任何申诉。

（六）发放、接收申诉表，收取人民币 1000 元的申诉费并开具收据。

（七）组织对申诉的内容进行审议，并将结果及时通报组委会并通知提出申诉的运动队。

（八）如申诉理由成立，退回申诉费，但不改变裁判结果。

二、成员

（一）学习规则和规程。

（二）参加赛前裁判学习，统一评判尺度。

（三）服从仲裁委员会主任的工作分配。

（四）对申诉内容进行审议。

第三节　其他人员

一、电子计分系统人员

（一）按规程要求按时开启和关闭网上报名系统，对各运动队的报名信息保密，不得泄露。

（二）接收网上报名和难度及规定内容申报，统计参加人数和比赛项次。

（三）完成难度及规定内容申报数据的录入工作。

（四）提供各种竞赛表格。

（五）参与技术会议并操作电脑抽签，协助编排记录长排定运动员的比赛顺序。

（六）为裁判员赛前评分演练提供技术服务，参加模拟比赛联合演练。

（七）维护整个比赛过程中电子计分系统的正常运行。

（八）按要求提供各项目成绩公告。

二、礼仪人员

（一）参加模拟颁奖仪式演练。

（二）颁奖仪式开始前60分钟到达比赛场馆。

第九章　自选项目的评判

第一节　动作质量的评分

一、动作错误内容与扣分标准

（一）长拳类项目

1. 长拳、剑术、刀术、枪术、棍术动作类别、名称、编码及错误内容。（表 9–1–1）

表 9–1–1　长拳、剑术、刀术、枪术、棍术
动作类别、名称、编码及错误内容

类别	名称	编码	错误内容
平衡	搬脚朝天直立、 侧踢抱脚直立	10	▼支撑腿弯曲 ▼上举腿弯曲
	后踢抱脚直立	11	▼支撑腿弯曲 ▼躯干前倾超过 45°
	仰身平衡	12	▼前举腿低于水平
	十字平衡	13	▼躯干低于水平 ▼支撑腿弯曲
	卧鱼平衡	14	▼躯干低于水平 ▼躯干高于水平 45°
	扣腿平衡、盘腿平衡	15	▼支撑腿大腿未达水平
	探海平衡	16	▼支撑腿弯曲 ▼后举腿弯曲
	提膝平衡	17	▼提膝未过腰 ▼提起腿脚未内扣

（续表）

类别	名称	编码	错误内容
腿法	前扫腿	20	▼支撑腿大腿高于水平 ▼扫转腿脚掌离地 ▼扫转腿弯曲
	后扫腿	21	▼扫转腿脚掌离地 ▼扫转腿弯曲
	跌竖叉	22	▼前腿脚内扣触地 ▼后腿明显弯曲
	弹腿、蹬腿、踹腿	23	▼腿未由屈至伸
	正踢腿、侧踢腿	24	▼膝关节弯曲 ▼支撑腿脚跟离地
	里合拍脚、摆莲拍脚、单拍脚	25	▼击响腿脚尖未过肩 ▼击拍落空
跳跃	腾空飞脚、腾空斜飞脚、腾空双飞脚、旋风脚、腾空摆莲	30	▼击响腿脚尖未过 ▼击拍落空
	腾空正踢腿	31	▼悬垂腿弯曲
	侧空翻、侧空翻转体 360°	32	▼空中腿明显弯曲
	旋子、旋子转体	33	▼转体时躯干高于水平 45° ▼空中腿明显弯曲
	腾空箭弹、腾空蹬腿	34	▼起跳腿未由屈至伸 ▼弹（蹬）出腿低于水平
步型	弓步	50	▼前腿膝部未达脚背 ▼前腿大腿未达水平 ▼后腿脚跟离地 ▼后腿脚尖未内扣
	马步	51	▼躯干明显前倾 ▼屈蹲腿大腿未达水平 ▼两脚间距过小 ▼脚跟离地 ▼脚尖外展

（续表）

类别	名称	编码	错误内容
	虚步	52	▼屈蹲腿大腿未达水平 ▼屈蹲腿脚跟离地
	仆步	53	▼屈蹲腿未全蹲 ▼平铺腿未伸直 ▼平铺腿全脚掌未内扣着地
	歇步	54	▼两腿未交叉靠拢 ▼臀部未贴坐小腿
	坐盘	55	▼两大腿未交叉 ▼臀部未贴坐地面 ▼前脚离地
手型	拳	01	▼拳面不平 ▼拇指未压在中指第二指节上
	掌	02	▼四指未伸直并拢
	勾	03	▼五指未撮拢 ▼腕未屈
手型	剑指	04	▼食指与中指未伸直并拢 ▼拇指未压在无名指与小指上
器械方法	挂剑、撩剑	60	▼直腕 ▼未成立圆
	缠头、裹脑	61	▼刀背远离身体
	拦、拿、扎枪	62	▼枪尖未划弧 ▼后手留把 ▼平扎枪时臂与枪未成水平直线
	立舞花枪、立舞花棍、双手提撩花棍	63	▼未呈立圆
	平抡棍	64	▼未呈平圆
	握剑	66	▼食指扣握在剑盘前沿触及剑刃
	器械抛接	67	▼抱接器械 ▼未单手接握剑柄、刀柄

2. 长拳、剑术、刀术、枪术、棍术扣分标准

（1）动作出现错误内容，扣 0.10 分；一个动作出现多种错误内容，均一次性扣 0.10 分。

（2）一个组合动作出现两个以上同一器械方法错误内容，均一次性扣 0.10 分。

（3）平衡动作静止时间不得少于 2 秒钟。

（4）“腿明显弯曲”，是指大小腿夹角小于 135°（含 135°）。

（5）马步“躯干明显前倾”，是指马步静止时躯干前倾超过 45°（含 45°）。

（6）马步“两脚间距过小”，是指马步两脚内侧横向距离小于本人肩宽。

（二）南拳类项目

1. 南拳、南刀、南棍动作类别、名称、编码及错误内容。（表 9–1–2）

表 9–1–2 南拳、南刀、南棍动作类别、名称、编码及错误内容

类别	名称	编码	错误内容
平衡	提膝独立	17	▼提膝未过腰 ▼提起腿脚未内扣
腿法	前扫腿	20	▼支撑腿大腿高于水平 ▼扫转腿脚掌离地 ▼扫转腿弯曲
	横踩腿、蹬腿、虎尾腿	23	▼腿未由屈至伸
	横钉腿	27	▼腿未由屈至伸 ▼腿未向异侧钉击

（续表）

类别	名称	编码	错误内容
	转身后摆腿	28	▼后摆腿弯曲 ▼后摆腿脚未过腰
跳跃	腾空飞脚、腾空飞脚向内转体 180°、旋风脚、腾空外摆腿	30	▼击响腿脚尖未过肩 ▼击拍落空 ▼外摆腿脚尖未过肩
	侧空翻	32	▼空中腿明显弯曲
跌扑	腾空盘腿 360°侧扑	40	▼摆动腿脚未过头
	鲤鱼打挺	41	▼手撑扶地面
	腾空双侧踹	42	▼踹出腿未并拢 ▼踹出腿弯曲
步型	弓步	50	▼前腿未接近半蹲 ▼后腿脚跟离地
	马步、半马步	51	▼躯干明显前倾 ▼屈蹲腿未接近半蹲 ▼屈蹲腿大腿低于水平 ▼两脚间距过小 ▼脚跟离地
	虚步	52	▼屈蹲腿脚跟离地 ▼屈蹲腿未接近半蹲
	仆步	53	▼屈蹲腿未全蹲 ▼平铺腿未伸直 ▼平铺腿全脚掌未内扣着地
	蝶步	56	▼蝶地小腿内侧 ▼脚踝内侧未着地
	跪步	57	▼下跪腿膝部着地 ▼臀部未坐在下跪腿小腿上
	骑龙步	58	▼前腿未接近半蹲 ▼后腿膝部着地

（续表）

类别	名称	编码	错误内容
手型	单指掌（手）	05	▼食指未伸直 ▼其余四指未弯曲扣紧
	鹤嘴（顶）手	06	▼五指未捏拢
	羌子拳	07	▼拇指未弯曲扣紧 ▼其余四指未并拢扣紧
器械方法	缠头、裹脑	61	▼刀背远离身体
	顶棍	65	▼把端未拄地 ▼梢端低于头

2. 南拳、南刀、南棍扣分标准

（1）动作出现错误内容，扣 0.10 分；一个动作出现多种错误内容，均一次性扣 0.10 分。

（2）一个组合动作出现两个以上同一器械方法错误内容，均一次性扣 0.10 分。

（3）“提膝独立”，平衡静止时间不得少于 2 秒钟。

（4）“腿明显弯曲”，是指大小腿夹角小于 135°（含 135°）。

（5）马步“躯干明显前倾”，是指马步静止时躯干前倾超过 45°（含 45°）。

（6）马步“两脚间距过小”，是指马步两脚内侧横向距离小于本人肩宽。

（三）太极拳类项目

1. 太极拳、太极剑动作类别、名称、编码及错误内容。（表 9–1–3）

表 9–1–3 太极拳、太极剑动作类别、名称、编码及错误内容

类别	名称	编码	错误内容
平衡	侧朝天蹬直立	10	▼支撑腿弯曲 ▼上举腿弯曲
	提膝独立	17	▼提膝未过腰
	前举腿低势平衡	18	▼前举腿低于水平
	后插腿低势平衡	19	▼插出腿脚触地
腿法	分脚、蹬脚	23	▼上举腿低于水平 ▼上举腿未伸直
	摆莲拍脚、单拍脚	25	▼击响时摆动腿弯曲 ▼击拍落空
	雀地龙	26	▼前腿脚内扣触地 ▼两大腿夹角小于 45°
跳跃	腾空飞脚、旋风脚、腾空摆莲、腾空飞脚向内转体 180°	30	▼击响腿脚尖未过肩 ▼击拍落空
	腾空正踢腿	31	▼悬垂腿弯曲
步型步法	弓步	50	▼前腿膝部超出脚尖 ▼前腿未接近半蹲 ▼后腿脚跟离地 ▼后腿膝内跪
	虚步	52	▼屈蹲腿脚跟离地
	仆步	53	▼屈蹲腿未全蹲 ▼平铺腿未伸直 ▼平铺腿全脚掌未内扣着地
	上步、退步、进步、跟步、侧行步	59	▼脚拖地（特殊动作要求除外） ▼移动时重心起伏 ▼抬脚过高

（续表）

类别	名称	编码	错误内容
手型	剑指	04	▼食指与中指未伸直并拢 ▼拇指未压在无名指与小指上
器械方法	挂剑、撩剑	60	▼直腕 ▼未成立圆
	握剑	66	▼食指扣握在剑盘前沿触及剑刃

2. 太极拳、太极剑扣分标准

（1）动作出现错误内容，扣 0.10 分；一个动作出现多种错误内容，均一次性扣 0.10 分。

（2）一个组合动作出现两个以上同一器械方法错误内容，均一次性扣 0.10 分。

（3）一个组合动作出现两个以上同一步法错误内容，均一次性扣 0.10 分。

（4）一个组合动作出现两个以上同一步型错误内容，均一次性扣 0.10 分。

（5）“侧朝天蹬直立”，平衡静止时间不得少于 2 秒钟。

二、其他错误内容、扣分标准与有关规定

（一）其他错误内容及扣分标准

其他错误类别、内容及扣分标准与编码。（表 9–1–4）

表 9–1–4 其他错误类别、内容及扣分标准与编码

类别	内容及扣分标准	编码
失去平衡	晃动，脚碾动、移动或跳动（扣 0.10 分）	70
	附加支撑（扣 0.20 分）	71
	倒地（扣 0.30 分）	72
器械服饰	器械触地、脱把、碰（缠）身、变形（扣 0.10 分）	73
	器械折断（扣0.20 分）	74
	器械掉地（扣 0.30 分）	75
	刀彩、剑穗、枪缨、服饰、头饰掉地，刀彩、剑穗缠手（缠身），服装开纽或撕裂，鞋脱落（扣 0.10 分）	76
其他	平衡静止时间不足 2 秒钟（扣 0.10 分）	77
	身体任何部位触及线外地面（扣 0.10 分）	78
	遗忘（扣 0.10 分）	79

（二）其他错误有关规定

1. “晃动”，是指支撑状态时，躯干出现双向或多向位移。

2. “碾动”，是指单脚落地时脚掌或脚跟出现拧动。

3. “移动”，是指双脚或单脚或一脚一腿支撑时，任何一脚出现的位移。

4. “附加支撑”，是指由于身体失去平衡造成的，在支撑动作正常状态所需的肢体以外的身体任何一个部位（除躯干）触地或被动借助器械支撑。

5. “倒地”，是指由于身体失去平衡造成的，在支撑动

作正常状态所需的肢体以外，躯干或身体其他任何两个部位触地。

6. “器械变形”，是指器械弯曲变形角度超过 45°。

7. “平衡静止时间”，以首次出现静止状态开始计时。

8. 在一个动作中连续出现两个以上其他错误，应累计扣分。

9. 以上错误均按出现的人次累计扣分。

第二节　演练水平的评分

一、演练水平等级分评分标准

演练水平档次的划分、级别与分数段的确定以及评分标准。（表 9-2-1）

表 9-2-1　演练水平档次、级别、分数段及评分标准

档次	级别	分数段	评分标准
好	①级	3.00~2.91	劲力充足，用力顺达，力点准确，手眼身法步及身械配合协调，节奏分明，风格突出，动作与音乐和谐一致
	②级	2.90~2.71	
	③级	2.70~2.51	
一般	④级	2.50~2.31	劲力较充足，用力较顺达，力点较准确，手眼身法步及身械配合较协调，节奏较分明，风格较突出，动作与音乐较和谐一致
	⑤级	2.30~2.11	
	⑥级	2.10~1.91	
不好	⑦级	1.90~1.61	劲力不充足，用力不顺达，力点不准确，手眼身法步及身械配合不协调，节奏不分明，风格不突出，动作与音乐不和谐一致
	⑧级	1.60~1.31	
	⑨级	1.30~1.01	

二、编排扣分的内容与扣分标准

编排扣分的类别、内容及扣分标准与编码。（表 9–2–2）

表 9–2–2　编排扣分的类别、内容及扣分标准与编码

类别	内容及扣分标准	编码
内容	规程规定的内容每缺少一项（扣 0.20 分）	1~79
	未按规定发声，或每增加或减少一次（扣 0.20 分）	80
结构布局	静止姿势（平衡动作除外）停顿时间超过 3 秒钟或太极拳、太极剑完成难度前出现停顿（扣 0.10 分）	81
	未运用场地四角位和中间位，每缺一方位者（扣 0.10 分）	82
	长拳、南拳及其器械套路中跳跃、跌扑类难度动作前的助跑步数超过 4 步（扣 0.10 分）	83
	两段中无规程规定的难度（扣 0.10 分）	84
音乐	要求配乐的项目未配乐或配乐伴有说唱（扣 0.20 分）	85

第三节　难度的评分

一、难度编码识别

（一）平衡、腿法动作的难度编码识别

平衡、腿法动作的状态、腿式、一至三级的编码及等级编码。（表 9–3–1）

表 9–3–1　平衡、腿法动作的难度编码识别

类别	一级编码	状态	二级编码	腿式	三级编码	等级编码
平衡	1	直立	1	搬	1	A
腿法	2	仰身	2	踢	2	B
		俯身	3	控	3	C
		屈蹲	4	扫	4	
		侧身	5			
		拧身	6			

（二）跳跃、跌扑动作的难度编码识别

跳跃、跌扑动作的状态、腿向、一至三级编码及等级编码。（表 9–3–2）

表 9–3–2　跳跃、跌扑动作的难度编码识别

类别	一级编码	状态	二级编码	腿向	三级编码	等级编码
跳跃	3	直立	1	无	1	A
跌扑	4	垂转	2	向上	2	B
		矢转	3	向内	3	C
		额转	4	向外	4	
		复转	5	向前	5	
		旋	6	向后	6	
				向下	7	

（三）连接动作、抛接动作的难度编码识别

连接动作与抛接动作的编码。（表 9–3–3）

表 9–3–3 连接动作、抛接动作的难度编码识别

仆步	马步	蝶步	提膝独立	跌竖叉	雀地龙	坐盘	弓步	单脚落地	抛+接	剪势	蝎势
+0	+1	+2	+3	+4	+5	+6	+7	+8	+9	+10	+11

二、难度内容及等级与分值确定

（一）动作难度内容及等级与分值确定

1. 长拳、剑术、刀术、枪术、棍术动作难度内容、等级、分值与编码的确定。（表 9–3–4）

表 9–3–4 长拳、剑术、刀术、枪术、棍术动作难度内容、等级、分值与编码

类别	内容、等级、分值、编码					
	A 级（0.20 分）	编码	B 级（0.30 分）	编码	C 级（0.40 分）	编码
平衡	搬脚朝天直立	111A	十字平衡	133B		
	侧踢抱脚直立	112A			后踢抱脚直立	112C
	仰身平衡	123A				
	探海平衡	153A				
	卧鱼平衡	163A				

（续表）

类别	内容、等级、分值、编码					
	A级（0.20分）	编码	B级（0.30分）	编码	C级（0.40分）	编码
腿法	直身前扫540°	244A	直身前扫900°	244B		
跳跃	腾空飞脚（斜飞脚、双飞脚）	312A	腾空正踢腿	312B		
	旋风脚360°	323A	旋风脚540°	323B	旋风脚720°	323C
	腾空摆莲360°	324A	腾空摆莲540°	324B	腾空摆莲720°	324C
	旋子	333A	旋子转体360°	353B	旋子转体720°	353C
	侧空翻	335A	侧空翻转体360°	355B		

2. 南拳、南刀、南棍动作难度内容、等级、分值与编码的确定。（表9-3-5）

表9-3-5　南拳、南刀、南棍动作难度内容、等级、分值与编码

类别	内容、等级、分值、编码					
	A级（0.20分）	编码	B级（0.30分）	编码	C级（0.40分）	编码
腿法	直身前扫540°	244A	直身前扫900°	244B		
跳跃	腾空飞脚	312A	腾空飞脚向内转体180°	322B		
	旋风脚360°	323A	旋风脚540°	323B	旋风脚720°	323C
	腾空外摆腿360°	324A	腾空外摆腿540°	324B	腾空外摆腿720°	324C
	侧空翻	335A	单跳后空翻	346B		
	原地后空翻	346A				
跌扑	腾空双侧踹	415A				
	腾空盘腿360°侧扑	423A				

3. 太极拳、太极剑动作难度内容、等级、分值与编码的确定。（表 9–3–6）

表 9–3–6　太极拳、太极剑动作难度内容、等级、分值与编码

<table>
<tr><th rowspan="2">类别</th><th colspan="6">内 容 、 等 级 、 分 值 、编 码</th></tr>
<tr><th>A 级（0.20 分）</th><th>编码</th><th>B 级（0.30 分）</th><th>编码</th><th>C 级（0.40 分）</th><th>编码</th></tr>
<tr><td>平衡</td><td>前举腿低势平衡</td><td>143A</td><td>后插腿低势平衡</td><td>143B</td><td>侧朝天蹬直立</td><td>113C</td></tr>
<tr><td>腿法</td><td>蹬脚或分脚</td><td>212A</td><td></td><td></td><td></td><td></td></tr>
<tr><td rowspan="4">跳跃</td><td>腾空飞脚</td><td>312A</td><td>腾空正踢腿</td><td>312B</td><td></td><td></td></tr>
<tr><td></td><td></td><td>腾空飞脚向内转体 180°</td><td>322B</td><td></td><td></td></tr>
<tr><td></td><td></td><td>旋风脚360°</td><td>323B</td><td>旋风脚 540°</td><td>323C</td></tr>
<tr><td></td><td></td><td>腾空摆莲 360°</td><td>324B</td><td>腾空摆莲 540°</td><td>324C</td></tr>
</table>

（二）连接难度内容及等级与分值确定

1. 长拳、剑术、刀术、枪术、棍术连接难度内容、等级、分值与编码的确定。（表 9–3–7）

表 9–3–7　长拳、剑术、刀术、枪术、棍术连接难度内容、等级、分值与编码

内容、等级、分值、编码							
A 级（0.05 分）	编码	B 级（0.10 分）	编码	C 级（0.15 分）	编码	D 级（0.20 分）	编码
前扫腿 540°+坐盘	244A+6	旋风脚 360°+提膝独立	323A+3	旋风脚 540°+提膝独立	323B+3	旋风脚 720°+跌竖叉	323C+4
腾空飞脚+坐盘	312A+6	旋风脚 360°+旋子转体 720°（4 步之内）	323A+353C	旋风脚 720°+马步	323C+1	腾空摆莲 720°+马步	324C+1
腾空飞脚+侧空翻（1 步之内）	312A+335A	旋风脚 540°+跌竖叉	323B+4	腾空摆莲 540°+仆步	324B+0	旋子转体 720°+跌竖叉	353C+4
旋风脚 360°+马步	323A+1	腾空摆莲 360°+提膝独立	324A+3	腾空摆莲 540°+提膝独立	324B+3		
旋风脚 360°+跌竖叉	323A+4	腾空摆莲 540°+马步	324B+1	旋子转体 360°+旋风脚 720°（4 步之内）	353B+323C		
旋风脚 360°+坐盘	323A+6	旋子+前扫腿 540°	333A+244A	抛+腾空摆莲 360°+接	324A+9		
腾空摆莲 360°+跌竖叉	324A+4	旋子转体 360°+跌竖叉	353B+4				
腾空摆莲 360°+坐盘	324A+6	抛+抢背+接	445A+9				
腾空摆莲 360°+弓步	324A+7						
旋子+坐盘	333A+6						
侧空翻+跌竖叉	335A+4						

2. 南拳、南刀、南棍连接难度内容、等级、分值与编码的确定。（表 9–3–8）

表 9–3–8　南拳、南刀、南棍连接难度内容、等级、分值与编码

内容、等级、分值、编码							
A 级（0.05 分）	编码	B 级（0.10 分）	编码	C 级（0.15 分）	编码	D 级（0.20 分）	编码
腾空飞脚+提膝独立	312A+3	腾空飞脚向内转体 180°+提膝独立	322B+3	旋风脚 360°+单跳后空翻（2 步之内）	323A+346B	旋风脚 720°+马步	323C+1
旋风脚 360°+单蝶步	323A+2	旋风脚 360°+提膝独立	323A+3	腾空外摆腿 540°+仆步	324B+0	腾空外摆腿 720°+马步	324C+1
腾空外摆腿 360°+马步	324A+1	旋风脚 540°+单蝶步	323B+2				
侧空翻+剪势	335A+10	腾空外摆腿 360°+提膝独立	324A+3				
原地后空翻+蝶步	346A+2	腾空外摆腿 540°+马步	324B+1				
		单跳后空翻+蝶步	346B+2				
		单跳后空翻+蝎势	346B+11				

3. 太极拳、太极剑连接难度内容、等级、分值与编码的确定。（表 9–3–9）

表 9–3–9　太极拳、太极剑连接难度内容、等级、分值与编码

内容、等级、分值、编码							
A 级（0.05 分）	编码	B 级（0.10 分）	编码	C 级（0.15 分）	编码	D 级（0.20 分）	编码
前举腿低势平衡+转体180°成提膝独立	143A+3	腾空正踢腿+起跳脚落地	312B+8	腾空摆莲 540°+雀地龙	324C+5	旋风脚 540°+提膝独立	323C+3
腾空飞脚+提膝独立	312A+3	腾空飞脚向内转体180°+提膝独立	322B+3			腾空摆莲 540°+提膝独立	324C+3
腾空飞脚+起跳脚落地	312A+8	旋风脚 360°+提膝独立	323B+3				
腾空飞脚+腾空摆莲 360°（无步）	312A+324B	腾空摆莲 360°+提膝独立	324B+3				
腾空摆莲 360°+雀地龙	324B+5	腾空飞脚+腾空摆莲 540°（无步）	312A+324C				

三、难度完成不符合规定的确认与有关规定

(一) 长拳类项目

1. 长拳、剑术、刀术、枪术、棍术难度完成不符合规定的确认。(表 9-3-10)

表 9-3-10　长拳、剑术、刀术、枪术、棍术难度类别、内容及完成不符合规定的确认

难度	类别	内　容	不符合规定的确认
动作难度	平衡	搬脚朝天直立，侧踢抱脚直立，十字平衡	▼上举腿未达垂直
		后踢抱脚直立	▼后举腿未达垂直 ▼未从肩后抓抱踢起脚
		仰身平衡	▼躯干高于水平
		卧鱼平衡	▼后举腿大腿低于水平
		探海平衡	▼两腿夹角不足 135°
	腿法	直身前扫 540°、900°	▼扫转度数不足
	跳跃	腾空正踢腿	▼未腾空 ▼上踢腿脚尖未触及前额
		腾空飞脚（斜飞脚、双飞脚）	▼未腾空
		旋风脚 360°、540°、720° 腾空摆莲 360°、540°、720°	▼转体度数不足 ▼击响腿低于水平
		旋子，侧空翻	▼未腾空
		旋子转体 360°、720° 侧空翻转体 360°	▼转体度数不足

（续表）

难度	类别	内　容	不符合规定的确认
连接难度	动动连接	旋子+前扫腿 540°	▼动作之间停顿 ▼动作难度未完成
		腾空飞脚+侧空翻，旋风脚 360°+旋子转体 720°，旋子转体 360°+旋风脚 720°	▼跳跃动作之间的助跑步数超出规定 ▼动作难度未完成
	动静连接	腾空摆莲 360°+弓步，旋风脚 360°、720°/腾空摆莲 540°、720°+马步，腾空摆莲 540°+仆步	▼两脚依次落地 ▼脚移动或跳动 ▼附加支撑 ▼倒地
		旋风脚 360°、540°、720°/腾空摆莲 360°/旋子转体 360°、720°/侧空翻+跌竖叉	▼两脚依次落地 ▼滑叉 ▼附加支撑 ▼倒地
		旋风脚 360°、540°/腾空摆莲 360°、540°+提膝独立	▼击响腿未单脚落地 ▼脚移动或跳动 ▼提膝腿脚触地
		前扫腿 540°/腾空飞脚/旋风脚 360°/腾空摆莲 360°/旋子+坐盘	▼落地后再坐盘 ▼两大腿未交叉 ▼附加支撑 ▼倒地
	套嵌连接	抛+腾空摆莲 360°+接 抛+抢背+接	▼动作难度未完成 ▼抢背后手、臀、膝未离地 ▼接抓刀彩、剑穗

2. 长拳、剑术、刀术、枪术、棍术难度完成的有关规定

（1）度数的规定

①跳跃动作转体两脚落地或跳跃动作转体下落接弓步、马步、跌竖叉，均以起跳时两脚之间连线和落地时两脚之间连线的夹角来计算转体度数。连接仆步时，以起跳时起跳脚（原地起跳以转体方向同侧脚为准）脚尖与脚跟连线的延长线和落地时异侧铺出腿轴线的延长线的夹角来计算转体度数。

②跳跃动作转体单脚落地，均以该脚起跳时和落地时脚尖与脚跟连线的延长线的夹角来计算转体度数。

③扫转性腿法的扫转度数，均以扫转腿的脚的起止转动度数来计算扫转度数。

（2）助跑步数的规定

①323A+353C、353B+323C 的步数，以前一个跳跃动作两脚落地后的任何一脚上步开始计算。

②312A+335A 的步数，以前一个跳跃动作一脚落地后的任何一脚上步开始计算。

③跳跃类动作起跳前，出现垫步、击步、踏步等步法，均计算为助跑步数，一脚落地即为 1 步。

（3）难度连接的规定

①323B 下落必须连接跌竖叉或提膝独立。

②323C 下落必须连接马步或跌竖叉。

③324B 下落必须连接马步、仆步或提膝独立。

④324C 下落必须连接马步。

⑤353C 下落必须连接跌竖叉。

（4）评判的规定

①动动连接中，难度动作未完成，其之前和之后的连接难度均不予确认。

②连接动作形式被改变，动作难度和连接难度均不予确认。

③单脚落地时，击响（踢起）脚和落地脚应为同一脚。

④平衡动作和动静连接的连接动作完成时必须呈静止状态。

⑤借助器械撑地完成平衡动作难度，其动作难度不予确认。

⑥器械套路中的套嵌连接只能选做一种。

（二）南拳类项目

1. 南拳、南刀、南棍难度完成不符合规定的确认。（表9-3-11）

表 9-3-11　南拳、南刀、南棍难度类别、内容及完成不符合规定的确认

难度	类别	内　容	不符合规定的确认
动作难度	腿法	直身前扫 540°、900°	▼扫转度数不足
	跳跃	腾空飞脚，侧空翻	▼未腾空
		腾空飞脚向内转体 180° 旋风脚 360°、540°、720° 腾空外摆腿 360°、540°、720°	▼转体度数不足 ▼击响腿低于水平
		原地后空翻	▼起跳前脚移步 ▼落地时手撑地
		单跳后空翻	▼起跳步数超过 2 步 ▼落地时手撑地

（续表）

难度	类别	内　容	不符合规定的确认
	跌扑	腾空双侧踹	▼踹出腿低于水平
		腾空盘腿 360°侧扑	▼转体度数不足
连接难度	动动连接	旋风脚 360°+单跳后空翻	▼跳跃动作之间的助跑步数超出规定 ▼动作难度未完成
	动静连接	旋风脚720°/腾空外摆腿 360°、540°、720°+马步，腾空外摆腿 540°+仆步	▼两脚依次落地 ▼脚移动或跳动 ▼附加支撑 ▼倒地
		原地后空翻/单跳后空翻+蝶步，旋风脚 360°、540°+单蝶步	▼落地时手撑地 ▼两脚依次落地 ▼落地后再成蝶步 ▼脚移动或跳动 ▼附加支撑 ▼倒地
		腾空飞脚/腾空飞脚向内转体 180°/旋风脚 360°/腾空外摆腿 360°+提膝独立	▼击响腿未单脚落地 ▼脚碾动或跳动 ▼提膝腿脚触地
		侧空翻+剪势，单跳后空翻+蝎势	▼两脚依次落地 ▼附加支撑 ▼倒地

2. 南拳、南刀、南棍难度完成的有关规定

（1）度数的规定

①跳跃动作转体两脚下落或跳跃动作转体下落接做步型，均以起跳时两脚之间连线和落地时两脚之间连线的夹

角来计算转体度数。连接仆步时，以起跳时起跳脚（原地起跳以转体方向同侧脚为准）脚尖与脚跟连线的延长线和落地时异侧铺出腿轴线的延长线的夹角来计算转体度数。

②凡跳跃动作转体单脚落地，均以该脚起跳时和落地时脚尖与脚跟连线的延长线的夹角来计算转体度数。

③扫转性腿法的扫转度数，均以扫转腿的脚的起止转动度数来计算扫转度数。

（2）助跑步数的规定

①323A+346B 的步数，以前一个跳跃动作一脚落地后的任何一脚上步开始计算。

②跳跃类动作起跳前，出现垫步、击步、踏步等步法，都计算为助跑步数，一脚落地即为 1 步。

（3）难度连接的规定

连接难度中的动静连接必须选择连接马步、蝶步、仆步、提膝独立、剪势、蝎势。

（4）评判的规定

①动动连接中，动作难度未完成，其之前和之后的连接难度均不予确认。

②连接动作形式被改变，动作难度和连接难度均不予确认。

③单脚落地时，击响（踢起）脚和落地脚应为同一脚。

④平衡动作和动静连接的连接动作完成时必须呈静止状态。

⑤324A、324B、324C 可以不击响。

（三）太极拳类项目

1. 太极拳、太极剑难度完成不符合规定的确认。（表 9-3-12）

表 9-3-12　太极拳、太极剑难度类别、内容及完成不符合规定的确认

难度	类别	内　容	不符合规定的确认
动作难度	平衡	前举腿低势平衡 后插腿低势平衡	▼支撑腿大腿高于水平 ▼手扶按支撑腿
		侧朝天蹬直立	▼上举腿未达垂直 ▼躯干侧倾超过 45°（含 45°）
	腿法	蹬脚（分脚）	▼上举腿脚跟低于肩
	跳跃	腾空正踢腿	▼起跳前助跑超过 1 步 ▼上踢腿脚尖未触及前额
		腾空飞脚	▼起跳前助跑超过 1 步 ▼未腾空
		腾空飞脚向内转体 180° 旋风脚 360°、540° 腾空摆莲 360°、540°	▼起跳前助跑超过 1 步 ▼转体度数不足 ▼击响腿低于水平
连接难度	动动连接	腾空飞脚+腾空摆莲 360°、540°	▼跳跃动作之间的助跑步数超出规定 ▼动作难度未完成
	动静连接	腾空飞脚/腾空正踢腿+起跳脚落地	▼击响（正踢）腿未单脚落地 ▼脚碾动或跳动
		腾空摆莲 360°、540°+雀地龙	▼两腿依次落地 ▼腿移动 ▼附加支撑 ▼倒地
		腾空飞脚/腾空飞脚向内转体 180°/旋风脚 360°、540°/腾空摆莲 360°、540°+提膝独立	▼击响腿未单脚落地 ▼脚碾动或跳动 ▼提膝腿脚触地

（续表）

难度	类别	内　容	不符合规定的确认
	静静连接	前举腿低势平衡+转体 180°成提膝独立	▼连接过程中出现躯干晃动 ▼转体度数不足 ▼连接过程中提膝腿大腿低于水平 ▼提膝腿脚触地 ▼提膝时脚碾动或跳动

2. 太极拳、太极剑难度完成的有关规定

（1）度数的规定

①跳跃动作转体下落接做雀地龙，均以起跳时起跳脚（原地起跳以转体方向同侧脚为准）脚尖与脚跟连线的延长线和落地时左腿轴线的延长线的夹角来计算转体度数。

②跳跃动作转体单脚落地，均以该脚起跳时和落地时脚尖与脚跟连线的延长线的夹角来计算转体度数。

③静静连接，均以支撑脚转体前和转体后脚尖与脚跟连线的延长线的夹角来计算转体度数。

（2）助跑步数的规定

①312A+324B+5、312A+324C+5 必须在前一个跳跃动作两脚同时落地后直接起跳。

②静静连接不能上步。

（3）难度连接的规定

①312A+324B（或 324C）下落必须连接雀地龙（左腿在前）。

②连接雀地龙只能选做一种。

(4) 评判的规定

①动动连接中，动作难度未完成，其之前和之后的连接难度均不予确认。

②连接动作形式被改变，动作难度和连接难度均不予确认。

③单脚落地时，击响（踢起）脚和落地脚应为同一脚。

④平衡动作和动静连接的连接动作完成时必须呈静止状态。

第十章　规定、对练和集体项目的评判

第一节　动作质量的评分

一、动作错误内容与扣分标准

（一）规定项目

规定项目动作错误内容与扣分标准遵照自选项目执行，长拳类、南拳类、太极拳类项目动作类别、名称、编码及错误内容与扣分标准参照表 9-1-1~表 9-1-3。

（二）对练项目

1. 对练项目动作类别、错误内容与编码。（表 10-1-1）

表 10-1-1　对练项目动作类别、错误内容与编码

类别	错误内容	编码
方法	远离或偏离进攻部位	90
	静止姿势超过 3 秒钟	91
	无攻防演练超过 3 秒钟	92
配合	击打落空或防守落空	93
	等待对方进攻	94
	误中对方	95

2. 对练项目扣分标准

(1) 动作出现错误内容，扣 0.10 分。

(2) 动作错误内容均按出现的人次累计扣分。

(三) 集体项目

1. 集体项目动作类别、错误内容与编码。(表 10–1–2)

表 10–1–2　集体项目动作类别、错误内容与编码

类别	错误内容	编码
方法	步型、腿法动作与规格要求不符	090
	跳跃、跌扑动作与规格要求不符	091
	器械方法与规格要求不符	092
配合	对练时击打落空或防守落空	093
	对练时等待对方进攻	094
	对练时误中对方	095
	同一动作不整齐	096
	队形不整齐	097

2. 集体项目扣分标准

(1) 动作出现错误内容，扣 0.10 分。

(2) 动作错误内容均按出现的人次累计扣分。

二、其他错误内容、扣分标准与有关规定

规定、对练和集体项目其他错误内容、扣分标准与有

关规定遵照自选项目执行，其他错误类别、内容及扣分标准与编码参见表 9–1–4。

第二节　演练水平的评分

一、演练水平等级分评分标准

规定、对练和集体项目演练水平档次的划分、级别与分数段的确定以及评分标准。（表 10–2–1）

表 10–2–1　规定、对练和集体项目演练水平档次、级别、分数段与评分标准

档次	级别	分数段	评分标准
好	①级	5.00~4.81	劲力充足，用力顺达，力点准确，手眼身法步及身械配合协调，节奏分明，风格突出，动作与音乐和谐一致
	②级	4.80~4.51	
	③级	4.50~4.21	
一般	④级	4.20~3.81	劲力较充足，用力较顺达，力点较准确，手眼身法步及身械配合较协调，节奏较分明，风格较突出，动作与音乐较和谐一致
	⑤级	3.80~3.41	
	⑥级	3.40~3.01	
不好	⑦级	3.00~2.51	劲力不充足，用力不顺达，力点不准确，手眼身法步及身械配合不协调，节奏不分明，风格不突出，动作与音乐不和谐一致
	⑧级	2.50~2.01	
	⑨级	2.00~1.51	

二、编排扣分的内容与扣分标准

规定、对练和集体项目编排扣分的类别、内容及扣分标准与编码。（表 10–2–2）

表 10–2–2　规定、对练和集体项目编排扣分的类别、内容及扣分标准与编码

类别	内容及扣分标准	编码
内容	每缺少一个规程规定的内容（扣 0.20 分）	1~79
	（规定套路）未按规定发声，每增加或减少一次（扣 0.20 分）	80
	（规定套路）每增加或减少一个动作（扣 0.20 分）	86
结构布局	（规定套路）每偏离方向超过 45°（扣 0.10 分）	87
	（规定套路）每增加或减少一步（扣 0.10 分）	88
音乐	要求配乐的项目未配乐或配乐伴有说唱（扣 0.20 分）	85

第十一章　传统项目的评判

第一节　动作质量的评分

一、动作错误内容与扣分标准

（一）形意拳、八卦掌、八极拳

1. 形意拳、八卦掌、八极拳动作类别、名称、编码及错误内容。（表 11-1-1）

表 11-1-1　形意拳、八卦掌、八极拳动作类别、名称、编码及错误内容

类别	名称	编码	错误内容
共性动作	蹬腿、弹腿	001	▼蹬（弹）出腿未由屈至伸
	跳跃动作	002	▼未腾空
	身型	003	▼躯干前倾或后仰 ▼挺胸 ▼立腰
	弓步、马步	004	▼屈蹲腿未达半蹲
	仆步	005	▼屈蹲腿未全蹲
形意拳	三体势	101	▼两脚前后间距过大 ▼横向间距过宽
	跟步	102	▼后脚提起过高 ▼踝过松 ▼重心起伏
	掌	103	▼五指僵直 ▼虎口未撑圆

（续表）

类别	名称	编码	错误内容
	劈掌	104	▼拳未经胸至口前变掌弧形下劈
	崩拳	105	▼拳高过肋 ▼臂僵直
	钻拳	106	▼拳未经胸至口前外旋钻出
	横拳	107	▼拳高过胸
八卦掌	蹚步	201	▼重心忽高忽低 ▼两膝过宽 ▼脚掌未平起平落 ▼外脚未沿内弧蹚出
	云掌	202	▼掌未在头前上方绕平圆
	托掌	203	▼未沉肩垂肘
	磨肋掌	204	▼掌未沿肋向身后伸出
八极拳	掌	205	▼虎口未撑圆 ▼掌心未内凹
	马步	301	▼两脚间距过大
	横击拳	302	▼拳未由后向左（右）前直臂横击

2. 形意拳、八卦掌、八极拳扣分标准

（1）动作出现错误内容，扣 0.10 分。

（2）一个动作出现多个错误内容，均一次性扣0.10 分。

（二）通臂拳、劈挂拳、翻子拳

1. 通臂拳、劈挂拳、翻子拳动作类别、名称、编码及错误内容。（表 11–1–2）

表 11-1-2　通臂拳、劈挂拳、翻子拳动作类别、名称、编码及错误内容

类别	名称	编码	错误内容
共性动作	蹬腿、弹腿	001	▼蹬（弹）出腿未由屈至伸
	跳跃动作	002	▼未腾空
	身型	003	▼身体过于僵直
	弓步、马步、虚步	004	▼屈蹲腿未接近半蹲
	仆步	005	▼屈蹲腿未全蹲
通臂拳	劈掌	401	▼抡臂下劈未成立圆 ▼甩抖不明显
	掸掌	402	▼未抖腕甩掌向前掸出
	钻拳	403	▼拳高未与鼻平或肋平
	尖拳	404	▼中指未突出成尖
劈挂拳	跪步	501	▼前腿未全蹲 ▼后腿未跪落于前脚内侧 ▼后腿膝部着地
	劈掌	502	▼抡臂下劈未成立圆 ▼甩抖不明显
翻子拳	弹拳	601	▼未由腰、肩、肘及腕部发出
	直拳	602	▼臂未伸直

2. 通臂拳、劈挂拳、翻子拳扣分标准

（1）动作出现错误内容，扣 0.10 分。

（2）一个动作出现多个错误内容，均一次性扣0.10 分。

（三）地躺拳、象形拳、查拳、少林拳、传统南拳

1. 地躺拳、象形拳、查拳、少林拳、传统南拳动作类别、名称、编码及错误内容。（表 11-1-3）

表 11-1-3 地躺拳、象形拳、查拳、少林拳、传统南拳动作类别、名称、编码及错误内容

类别	名称	编码	错误内容
共性动作	弓步、马步、虚步	004	▼屈蹲腿未接近半蹲
	仆步	005	▼屈蹲腿未全蹲
	提膝平衡	006	▼支撑腿弯曲
	腾空侧踹	081	▼踹出腿低于水平
	腾空飞脚、旋风脚、腾空摆莲	082	▼击响腿脚未过肩 ▼击拍落空
	旋子转体	083	▼转体时躯干高于水平 45° ▼空中大小腿夹角小于 135°（含 135°）
	侧空翻	084	▼空中大小腿夹角小于 135°（含 135°）
	鲤鱼打挺	085	▼挺立时两脚间距宽于肩
	乌龙绞柱	086	▼着地时腰腿未竖直 ▼膝关节弯曲
	盘腿跌	087	▼摆动腿脚未过头
	滚蹚	088	▼肩背未着地
少林拳	蹲步	701	▼大腿未呈水平 ▼两脚未并拢
	后绞腿	702	▼绞缠不明显 ▼脚掌擦地后绞缠
传统南拳	虎爪	801	▼五指未张开 ▼第2、3节指骨未弯曲
	单指掌（手）	802	▼食指未伸直 ▼其余四指未弯曲扣紧
	羌子拳	803	▼拇指未弯曲扣紧 ▼其余四指未并拢扣紧
	抛拳	804	▼拳未自下向上成环形运动

2. 地躺拳、象形拳、查拳、少林拳、传统南拳扣分标准

（1）动作出现错误内容，扣 0.10 分。

（2）一个动作出现多个错误内容，均一次性扣0.10 分。

（四）单器械、双器械、软器械

1. 单器械、双器械、软器械动作类别、名称、编码及错误内容。（表 11–1–4）

表 11–1–4 单器械、双器械、软器械动作类别、名称、编码及错误内容

类别	名称	编码	错误内容
共性动作	提膝平衡	006	▼支撑腿弯曲
	燕势平衡、探海平衡	007	▼支撑腿弯曲 ▼后举腿弯曲
	控腿平衡	008	▼支撑腿弯曲 ▼上举腿弯曲
	腾空侧踹	081	▼踹出腿低于水平
	旋子转体	083	▼转体时躯干高于水平 45° ▼空中大小腿夹角小于 135°（含 135°）
	侧空翻	084	▼空中大小腿夹角小于 135°（含 135°）
	鲤鱼打挺	085	▼挺立时两脚间距宽于肩
	乌龙绞柱	086	▼着地时腰腿未竖直 ▼膝关节弯曲
	盘腿跌	087	▼摆动腿脚未过头
	滚蹚	088	▼肩背未着地
	缠头、裹脑	901	▼刀背远离身体
	扎刀	902	▼刀与臂未成一直线
	舞花刀	903	▼未呈立圆

（续表）

类别	名称	编码	错误内容
器械方法	挂剑、撩剑（钩）	904	▼直腕 ▼未呈立圆
	挂钩	905	▼未呈立圆
	剑穗甩动（长穗剑类）	906	▼剑身与穗身夹角少于45°
	劈棍	907	▼未自上而下
	滚压棍	908	▼未呈水平
	云背花	909	▼未呈平圆
	提撩花、抡鞭	910	▼未贴身 ▼未呈立圆

2. 单器械、双器械、软器械扣分标准

（1）动作出现错误内容，扣0.10分。

（2）一个动作出现多个错误内容，均一次性扣0.10分。

（3）一个组合动作出现两个以上同一器械方法错误内容，均一次性扣0.10分。

（五）太极拳、太极剑

1. 太极拳、太极剑动作类别、名称、编码及错误内容。（表11–1–5）

表11–1–5 太极拳、太极剑动作类别、名称、编码及错误内容

类别	名称	编码	错误内容
手型	剑指	011	▼中指与食指分开或弯曲 ▼拇指未弯曲
	掌	012	▼手指并拢 ▼手指伸翘 ▼虎口未成弧形

（续表）

类别	名称	编码	错误内容
	握剑	013	▼食指扣握在剑盘前沿触及剑刃
手法	掤	021	▼举臂高过肩 ▼臂过于弯曲或伸直
	捋	022	▼两手向后直抽 ▼夹臂紧腋
	挤	023	▼耸肩抬肘 ▼两臂未撑圆
	按	024	▼由下向上挑臂 ▼由外向内合掌 ▼抬肘直臂
	云手	025	▼肘部过屈 ▼举手过头 ▼运转幅度过小
	架掌	026	▼上举未过头 ▼举臂不成弧形
	发劲手法	027	▼力点不准确 ▼蓄发收放生硬脱节
步型	弓步	031	▼前腿膝部未达脚背或超出脚尖 ▼后腿过于弯曲 ▼后脚跟离地 ▼明显掀脚
	仆步	032	▼屈蹲腿未全蹲 ▼屈蹲腿脚跟离地 ▼平铺腿未伸直 ▼平铺腿全脚掌未内扣着地 ▼掀脚
	虚步	033	▼后脚跟离地
	歇步	034	▼两腿屈膝下蹲不够 ▼两腿未交叉
	独立步	035	▼上提腿大腿低于水平 ▼支撑腿明显弯曲

（续表）

类别	名称	编码	错误内容
步法	上步、进步、退步、跟步、侧行步、行步	041	▼后脚跟拧转 ▼重心起伏 ▼抬脚过高 ▼脚拖地
身型	身型	051	▼头、身不正 ▼驼背弓腰凸臀 ▼耸肩缩脖 ▼扭腰摆臀
腿法	分脚、蹬脚	061	▼支撑腿明显弯曲 ▼上举腿明显弯曲 ▼上举腿脚未高于腰部
	摆莲拍脚、单拍脚	062	▼击拍落空 ▼击响腿脚尖未过肩 ▼击响时摆动腿弯曲 ▼摆莲脚幅度过小
器械方法	撩剑、挂剑	071	▼剑离身体较远 ▼握剑未扣腕
	绞剑	072	▼剑尖绕环不成立圆 ▼绕环过大或过小
	劈剑、刺剑	073	▼剑与臂未成一直线

2. 太极拳、太极剑扣分标准

（1）动作出现错误内容，扣 0.10 分。

（2）一个动作出现多个错误内容，均一次性扣0.10 分。

（3）一个组合动作出现两个以上同一器械方法错误内容，均一次性扣 0.10 分。

（4）一个组合动作出现两个以上同一步法错误内容，均一次性扣 0.10 分。

（5）一个组合动作出现两个以上同一步型错误内容，均一次性扣 0.10 分。

（6）步法、身型、手型出现错误内容，扣 0.10 分，出现三次或三次以上者，均一次性扣 0.20 分。

二、其他错误内容、扣分标准与有关规定

传统项目其他错误内容、扣分标准与有关规定遵照自选项目执行，其他错误类别、内容及扣分标准与编码参见表 9–1–4。

第二节　演练水平的评分

一、演练水平等级分评分标准

传统项目演练水平等级分评分标准遵照“规定、对练和集体项目演练水平档次、级别、分数段与评分标准”执行，参见表 10–2–1。

二、影响演练水平常见的错误内容

（一）影响传统拳术、传统器械演练水平常见的错误内容。（表 11–2–1）

表 11–2–1　传统拳术、传统器械演练中常见的错误内容与类别

类别	错误内容
劲力	1. 拳术手法、器械方法劲力不充足或不顺达
	2. 屈伸性、击响性腿法劲力不充足或不顺达
	3. 南拳类套路动作中发声与发力不一致
	4. 劲力刚柔不相济

（续表）

类别	错误内容
节奏	1. 动静无序（动静不分明）
	2. 快慢相间不明显
	3. 由于失误造成局部节奏的破坏或出现不合理的停顿
协调	1. 上下动作脱节
	2. 眼神与动作配合不协调
	3. 身械配合不协调
编排（内容、结构、布局）	1. 基本技法单一，内容不充实，重复动作过多
	2. 内容分配前后不均
	3. 动作分布不匀称，场地使用不充分
	4. 活动偏于一侧或活动范围狭窄
风格	1. 未表现项目的基本技法和技术特点
	2. 没有明显的项目特点和个人风格
音乐	1. 音乐与项目不和谐
	2. 动作与音乐配合不和谐

（二）影响太极拳、太极剑演练水平常见的错误内容。（表 11-2-2）

表 11-2-2　太极拳、太极剑演练中常见的错误内容与类别

类别	错误内容
劲力	1. 紧张僵硬或松软飘浮
	2. 手法、剑法劲力不沉实或不顺达
	3. 动作刚柔不相济
	4. 运劲无蓄发变化
	5. 出现“断劲”
节奏	忽快忽慢或过快过慢
协调	1. 上下肢配合不协调
	2. 四肢与躯干脱节
	3. 动作不连贯，转接生硬
	4. 眼神与动作不配合
编排（内容、结构、布局）	1. 技法单一，重复动作过多
	2. 内容不充实
	3. 内容分配前后不均
	4. 动作转接不顺
	5. 动作分布不匀称，场地使用不充分
	6. 活动偏于一侧或活动范围狭窄
风格	1. 太极拳、剑的风格特点不突出
	2. 长拳慢练
音乐	1. 音乐与项目不和谐
	2. 动作与音乐配合不和谐

第十二章　评分操作

第一节　基本要求

裁判员应熟练掌握各项目动作分类方法和分类编码，熟记难度确认方法和扣分标准。临场做到反应及时、评断准确、操作正确的基本要求。

裁判员应注意抓好动态（跟踪动作的全过程）、静态（观察动作姿态）、动态与静态之间（静态—动态—静态）等各时间段的难度完成情况和动作错误及其他错误扣分，紧跟运动员临场演练的节奏，按照各自岗位的职责，力求准确无误。

第二节　电子评分操作

一、A 组评分裁判员

A 组评分裁判员根据运动员临场完成的动作质量情况，如发现动作错误内容，左手持打点器在 3 秒钟内迅速按键确认，同时右手执笔将扣分编码准确地记录在动作质量评分记录表上。当运动员完成全套动作后，按先后顺序输入扣分编码，并按回车键进行确认，评判结束。开始准备对下一位运动员的评判。

当运动员在比赛中一个动作同时出现多种错误时，临场扣分顺序应按照以下方法进行，即先扣动作错误的分，后扣其他错误的分；先扣下肢动作错误的分，后扣上肢动作错误的分；先扣肢体动作错误的分，再扣器械方法错误的分。

二、B 组评分裁判员与裁判长

B 组评分裁判员和裁判长根据运动员的整套完成情况，按照演练水平评分标准中的三档九级分数段，经纵向比较后将确定的演练水平等级分记录在演练水平评分记录表上。当运动员演练结束后，迅速按键将分数输入，并按回车键进行确认。若运动员出现编排方面的扣分，在确认演练水平等级分后，再输入编排扣分的编码，按回车键进行确认。

三、C 组评分裁判员

C 组评分裁判员根据运动员申报的难度动作和连接动作在套路中的先后编排顺序，与运动员临场演练的难度动作和连接动作按顺序逐一进行同步对照确认。左手持确认键，对申报与演练一致并符合要求的难度予以确认；右手持不确认键，对申报与演练不一致或不符合要求的难度不予以确认。

四、最后得分的确定与示分

裁判长从运动员的应得分中减去“裁判长的扣分”、加上“创新难度的加分”，即为运动员的最后得分。最后得分在显示屏上公开示分。

第三节　手记评分操作

一、A 组评分裁判员

当运动员演练时出现动作错误和其他错误时，A 组评分裁判员应在该动作错误出现后迅速在动作质量评分记录表中记录扣分编码及分值。当运动员完成全套动作后，将记录下来的扣分编码按顺序书写在示分牌上，听候裁判长的指令进行公示。编排记录员将每一位A组评分裁判员的评判结果收集汇总，对至少两人确定的相同的扣分编码进行统计，计算出动作质量应扣分，然后按规则换算成运动员的动作质量应得分。

二、B组评分裁判员与裁判长

B组评分裁判员和裁判长根据运动员的整套完成情况，按照演练水平评分标准中的三档九级分数段，经纵向比较后将确定的演练水平等级分记录在演练水平评分记录表上。若运动员出现编排方面的错误，还应将编排扣分的编码记录在演练水平评分记录表中。当运动员演练结束后，迅速将演练水平等级分和编排扣分的编码书写在示分牌上，听候裁判长的指令进行公示。编排记录员将每一位B组评分裁判员和裁判长的评判结果收集汇总，计算出演练水平等级分，对至少两人同时确认的编排扣分的编码进行统计，计算出编排方面的扣分，然后按照规则换算成运动员的演练水平应得分。

三、C组评分裁判员

C组评分裁判员根据运动员申报的难度动作和连接动作在套路中的先后编排顺序，与运动员临场演练的难度动作和连接动作按顺序逐一进行同步对照确认。对符合要求的难度画“√”予以确认，对于不符合要求的难度画“×”不予确认。当运动员完成整套动作后，将记录下来的难度确认结果书写在示分牌上，听候裁判长的指令进行公示。编排记录员将每一位 C 组评分裁判员的评判结果收集汇总，对至少两人同时确认的难度进行统计，累计算出运动员的难度应得分。

四、最后得分的确定与示分

编排记录员计算出运动员的应得分，裁判长从运动员的应得分中减去“裁判长的扣分”、加上“创新难度的加分”，即为运动员的最后得分，并将最后得分书写在示分牌上公开示分。

第十三章　自选项目主要动作的基本要求

第一节　长拳类项目

一、长拳

（一）手型

1. 拳：四指并拢卷握，拇指紧扣食指和中指的第二指节，拳握紧，拳面平，直腕。

2. 掌：四指并拢伸直，拇指弯曲紧扣于虎口处。

3. 勾：五指第一指节捏拢在一起，屈腕。

（二）拳法

1. 冲拳：拳从腰间向前打击，直臂，力达拳面。

2. 劈拳：拳自上向下劈落，直臂，力达拳轮。

3. 撩拳：拳自下向前上方弧形直臂撩起，力达拳眼或拳心。

4. 贯拳：拳从侧下方向斜上方弧形横打，臂微屈，拳眼斜向下，力达拳面。

5. 崩拳：臂由屈至伸，拳从腹部向前弹击，力达拳面。

6. 砸拳：拳由上向下随屈臂下砸，拳心向上，力达拳背。

（三）掌法

1. 推掌：掌从腰间立掌向前推击，直臂，力达掌外沿。

2. 挑掌：掌由下向上翘腕立掌上挑，力达四指。

3. 穿掌：臂由屈至伸，掌沿身体某一部位穿出，力达指尖。

4. 插掌：臂由屈至伸，掌向下或斜下插出，直腕，力达指尖。

5. 撩掌：掌心向前上，直臂向前撩出，力达掌心。

6. 劈掌：由上向下侧掌劈落，直臂，力达掌外沿。

7. 砍掌：仰掌或俯掌向左或向右击打，力达掌外沿。

8. 按掌：自上向下按压，掌心向下，力达掌心。

（四）肘法（进攻性肘法）

顶肘：屈肘握拳，拳心向下，肘尖前顶或侧顶，力达肘尖。

（五）步型

1. 弓步：一腿半蹲，大腿成水平，脚尖微内扣，膝约与脚尖垂直；另一腿伸直，脚尖内扣斜向前方，两脚全脚着地。

2. 马步：两腿半蹲，大腿成水平，脚尖正对前方，膝不超过脚尖，两脚全脚着地，两脚间距约为脚长的三倍。

3. 仆步：一腿全蹲，大腿和小腿靠紧，臀部接近小腿，膝与脚尖外展；另一腿平铺伸直，脚尖内扣，两脚全脚着地。

4. 虚步：一腿半蹲，脚尖外展；另一腿屈膝前伸，前脚掌虚点地面；身体重心落于后腿。

5. 歇步：两腿交叉屈膝全蹲，前脚全脚着地，脚尖外展；后脚脚跟离地，臀部坐于后小腿接近脚跟处。

（六）腿法

1. 直摆性腿法

（1）正踢腿：支撑腿伸直，全脚着地；另一腿伸直，脚尖勾起前踢，接近前额；上体保持正直。

（2）斜踢腿：支撑腿伸直，全脚着地；另一腿伸直，脚尖勾起向异侧耳边踢起；上体保持正直。

（3）侧踢腿：支撑腿伸直，全脚着地；另一腿伸直，脚尖勾起，经体侧踢向脑后；上体保持正直。

（4）里合腿：支撑腿自然伸直，全脚着地；另一腿上踢，脚尖勾起，经面前向异侧做扇形摆动下落；上体保持正直。

（5）外摆腿：支撑腿自然伸直，全脚着地；另一腿向异侧上踢，脚尖勾起，经面前向同侧做扇形摆动下落；上体保持正直。

（6）后撩腿：支撑腿伸直；另一腿脚跟向后上方撩踢；上体前俯，抬头挺胸。

2. 伸屈性腿法

（1）弹腿：支撑腿伸直或稍屈；另一腿由屈至伸，脚尖向前弹出，高不过腰，脚面绷平，力达脚尖。

（2）蹬腿：支撑腿伸直或稍屈；另一腿由屈至伸，脚尖勾起蹬出，高不过胸，低不过腰，力达脚跟。

（3）踹腿：支撑腿伸直；另一腿由屈至伸，脚尖勾起内扣向同侧踹出，力达脚跟。

3. 扫转性腿法

（1）前扫腿：支撑腿全蹲，前脚掌为轴；扫转腿伸直，脚尖内扣，脚掌擦地，向前扫转一周以上。

（2）后扫腿：支撑腿全蹲，前脚掌为轴；扫转腿伸直，脚尖内扣，脚掌擦地，向后扫转一周。

（七）平衡

持久性平衡，保持静止状态的时间必须达到两秒钟以上。

1. 提膝平衡：支撑腿直立站稳；另一腿屈膝高抬过腰，小腿斜垂内扣，脚面绷平内收。

2. 侧身平衡：支撑腿直立站稳；另一腿伸直举于体侧，高于水平，脚面绷平或脚尖勾起；躯干侧倾成水平。

3. 燕势平衡：支撑腿直立站稳；后举腿伸直，高于水平，脚面绷平；躯干前俯略高于水平，挺胸展腹。

4. 仰身平衡：支撑腿伸直或稍屈站稳；另一腿伸直举于体前，高于水平，脚面绷平；躯干后仰接近水平。

5. 扣腿平衡：支撑腿半蹲，大腿成水平；另一腿屈膝外展，踝关节紧扣于支撑腿的膝后腘窝处。

6. 盘腿平衡：支撑腿半蹲；另一腿屈膝外展，踝关节盘放在支撑腿的大腿上。

7. 探海平衡：支撑腿直立站稳；后举腿伸直，高于水平，脚面绷平；躯干前俯略低于水平，挺胸抬头。

8. 望月平衡：支撑腿伸直或稍屈站稳；另一腿小腿屈收上抬，脚面绷平，脚底向上；躯干侧倾向支撑腿同侧方拧腰上翻，挺胸塌腰。

9. 卧鱼平衡：支撑腿伸直或稍屈站稳；后举腿小腿屈收上抬，大腿高于水平，脚面绷平，脚底斜向上；躯干斜倾接近水平，挺胸拧腰展腹。

二、剑术

(一) 剑法

1. 刺剑：立剑，剑尖向前直出，臂与剑身成一直线，力达剑尖。

2. 挂剑：立剑，剑尖由前向下、向后贴身立圆环绕，力达剑身前段。

3. 撩剑：立剑，由下向前上方撩起，力达剑刃前段。

4. 点剑：立剑，提腕，剑尖向前下方点击，力达剑锋。

5. 劈剑：立剑，由上向下劈落，力达剑刃。

6. 崩剑：立剑，沉腕，剑尖向前上方弹击，力达剑尖。

7. 截剑：剑刃斜向上或斜向下摆击，力达剑刃前段。

8. 剪腕花：以腕为轴，立剑在臂两侧向前下贴身立圆绕环，力达剑锋。

(二) 步型

1. 弓步：一腿半蹲，大腿成水平，脚尖微内扣，膝约与脚尖垂直；另一腿伸直，脚尖内扣斜向前方，两脚全脚着地。

2. 仆步：一腿全蹲，大腿和小腿靠紧，臀部接近小腿，膝与脚尖外展；另一腿平铺伸直，脚尖内扣，两脚全脚着地。

3. 虚步：一腿半蹲，脚尖外展；另一腿屈膝前伸，前脚掌虚点地面；身体重心落于后腿。

三、刀术

(一) 刀法

1. 缠头：刀尖下垂，刀背沿左肩贴背绕过右肩，力达刀背。

2. 裹脑：刀尖下垂，刀背沿右肩贴背绕过左肩，力达刀背。

3. 劈刀：立刀，由上向下劈落，力达刀刃。

4. 扎刀：立刀，刀尖向前直刺，臂与刀身成一直线，力达刀尖。

5. 斩刀：平刀，刀刃向左或向右横砍，力达刀刃。

6. 挂刀：立刀，刀尖由前向下、向后贴身立圆环绕，力达刀身前段。

7. 云刀：刀身在头顶或头前上方平圆绕环，力达刀背。

8. 背花刀：以腕为轴，刀在身前、背后向下贴身立圆绕环，力达刀身。

（二）步型

1. 弓步：一腿半蹲，大腿成水平，脚尖微内扣，膝约与脚尖垂直；另一腿伸直，脚尖内扣斜向前方，两脚全脚着地。

2. 仆步：一腿全蹲，大腿和小腿靠紧，臀部接近小腿，膝与脚尖外展；另一腿平铺伸直，脚尖内扣，两脚全脚着地。

3. 虚步：一腿半蹲，脚尖外展；另一腿屈膝前伸，前脚掌虚点地面；身体重心落于后腿。

四、枪术

（一）枪法

1. 拦枪：枪尖向外划弧，高不过头，低不过胯，力达枪身前段。

2. 拿枪：枪尖向内划弧，高不过头，低不过胯，力达枪身前段。

3. 扎枪：枪尖向前直出，后手触及前手，力达枪尖。

4. 穿枪：枪杆贴近喉或腰或臂部直线穿出。

5. 崩枪：枪尖向上或向左右弹击，力达枪尖。

6. 点枪：枪尖由上向前下点击，力达枪尖。

7. 舞花枪：枪杆贴近身体左右立圆绕行。

8. 挑把：枪把由下向上挑起，力达把段。

（二）步型

1. 弓步：一腿半蹲，大腿成水平，脚尖微内扣，膝约与脚尖垂直；另一腿伸直，脚尖内扣斜向前方，两脚全脚着地。

2. 仆步：一腿全蹲，大腿和小腿靠紧，臀部接近小腿，膝与脚尖外展；另一腿平铺伸直，脚尖内扣，两脚全脚着地。

3. 虚步：一腿半蹲，脚尖外展；另一腿屈膝前伸，前脚掌虚点地面；身体重心落于后腿。

五、棍术

（一）棍法

1. 平抡棍：棍梢在胸部以上向左或向右成平圆绕行半周以上，力达梢段。

2. 劈棍：棍由上向下劈打，力达梢段。

3. 云棍：棍在头前上方或上方平圆绕环一周，力达梢段。

4. 崩棍：棍梢向上或向左右弹击，力达梢段。

5. 绞棍：棍梢或棍把向内或向外绕立圆，高不过肩，低不过膝，力达梢段或把段。

6. 戳棍：棍梢或棍把直线向前、向侧或向后顶击，力达梢端或把端。

7. 舞花棍：棍身贴近身体左右立圆连贯绕行。

8. 提撩花棍：棍身贴近身体，棍梢在身体两侧由下向前上连续左右立圆舞动。

（二）步型

1. 弓步：一腿半蹲，大腿成水平，脚尖微内扣，膝约与脚尖垂直；另一腿伸直，脚尖内扣斜向前方，两脚全脚着地。

2. 仆步：一腿全蹲，大腿和小腿靠紧，臀部接近小腿，膝与脚尖外展；另一腿平铺伸直，脚尖内扣，两脚全脚着地。

3. 虚步：一腿半蹲，脚尖外展；另一腿屈膝前伸，前脚掌虚点地面；身体重心落于后腿。

第二节　南拳类项目

一、南拳

（一）手型

虎爪：五指用力张开，第二、三指骨弯曲，除拇指外，其余四指第一节指骨尽力向手背一面伸展，使掌心凸出。

（二）拳法

1. 挂盖拳

①挂拳：拳自上向下快速摆击，臂微屈，力达拳背。

②盖拳：拳自上向下弧形扣击，臂微屈，力达拳心。

2. 抛拳：拳自下向上弧形挥摆，臂微屈，力达拳眼。

（三）桥法

滚桥：前臂向前下伸出，同时向内滚转，力达前臂内侧。

（四）步型

1. 弓步：一腿半蹲，大腿成水平，脚尖微内扣，膝约与脚尖垂直；另一腿伸直，脚尖内扣斜向前方，两脚全脚着地。

2. 仆步：一腿全蹲，大腿和小腿靠紧，臀部接近小腿，膝与脚尖外展；另一腿平铺伸直，脚尖内扣，两脚全脚着地。

3. 虚步：一腿半蹲，脚尖外展；另一腿屈膝前伸，前脚掌虚点地面；身体重心落于后腿。

4. 蝶步

（1）单蝶步：一腿下蹲；另一腿跪地，小腿及脚内侧贴地。

（2）双蝶步：两膝靠拢，两小腿及两脚内侧贴地。

5. 骑龙步：一腿半蹲，全脚掌着地；另一腿下跪，小腿成水平，脚跟提起，两脚间距约三脚长。

（五）步法

麒麟步：两脚连续向左右斜向横脚交叉迈步，腿微屈。

（六）腿法

横钉腿：一腿稍屈站稳；另一腿脚尖勾起，向异侧前方由屈至伸横踢，力达脚掌外沿。

二、南刀

（一）刀法

1. 缠头：刀尖下垂，刀背沿左肩贴背绕过右肩，力达刀背。

2. 裹脑：刀尖下垂，刀背沿右肩贴背绕过左肩，力达刀背。

3. 劈刀：立刀，由上向下劈落，臂与刀身成一直线，力达刀刃。

4. 抹刀：平刀，由前向左或向右弧形抽回，高度在胸腹之间，力达刀刃。

5. 格刀：刀身垂直，向左或向右摆动格挡，力达刀身。

6. 截刀：刀斜向上或斜向下摆击，力达刀刃前段。

7. 扫刀：平刀，向左或向右横砍，与踝关节同高，力达刀刃。

8. 剪腕花刀：以腕为轴，刀在臂两侧向前下贴身立圆绕环，刃背分明。

（二）步型

1. 弓步：一腿半蹲，大腿成水平，脚尖微内扣，膝约与脚尖垂直；另一腿伸直，脚尖内扣斜向前方，两脚全脚着地。

2. 虚步：一腿半蹲，脚尖外展；另一腿屈膝前伸，前脚掌虚点地面；身体重心落于后腿。

3. 骑龙步：一腿半蹲，全脚掌着地；另一腿下跪，小腿成水平，脚跟提起，两脚间距约三脚长。

三、南棍

（一）棍法

1. 劈棍：棍由上向下劈打，力达梢段。

2. 崩棍：棍梢向上或向左右弹击，力达梢段。

3. 绞棍：棍梢或棍把向内或向外立圆绕动，高不过肩，低不过膝，力达梢段或把段。

4. 滚压棍：两手握棍同时回拉，前手臂外旋，手心向上，后手臂内旋，手心向下，沉压于大腿上方，力达梢段。

5. 格棍：棍身竖直，在身前向左或向右横向格挡，力达棍身。

6. 击棍：棍梢或棍把向左右横向打击，力达梢段或把段。

7. 顶棍：棍梢端向前上顶撞，把端拄地，力达梢端。

8. 抛棍：棍由下向上抛击，力达梢段。

（二）步型

1. 弓步：一腿半蹲，大腿成水平，脚尖微内扣，膝约与脚尖垂直；另一腿伸直，脚尖内扣斜向前方，两脚全脚着地。

2. 虚步：一腿半蹲，脚尖外展；另一腿屈膝前伸，前脚掌虚点地面；身体重心落于后腿。

3. 骑龙步：一腿半蹲，全脚掌着地；另一腿下跪，小腿成水平，脚跟提起，两脚间距约三脚长。

第三节　太极拳类项目

一、太极拳

（一）手法、步法

1. 揽雀尾

（1）“掤”，臂呈弧形，前臂由下向上、向外张架，手高不过口，低不过胸，肘关节稍低于手，劲力圆满，有张力，有弹性。

（2）“捋”，两手一前一后、掌心一下一上相辅助，随腰旋转向后下方弧形回捋运行。

（3）“挤”，前手手背向外，另一手辅助，手臂呈弧形向前方挤出，前臂高不过口。

（4）“按”，两手沿立圆运行，向前、向下按压。

以上动作中，虚实转换必须与身、手、步协调一致；身体保持中正，转动时以腰为轴，不可手动腰不动。平圆转换的揽雀尾或懒扎衣动作，回转时要以腰带动两臂旋转，不可只用两臂转动或直抽直推。

2. 野马分鬃

两臂保持弧形，前手高不过头，低不过肩；前弓腿膝盖不可超过脚尖。

3. 搂膝拗步

搂手不可直臂，推掌须经耳旁向前推出；上步时后脚不可拖地，支撑腿不可跪膝；前弓腿膝盖不可超过脚尖。

4. 云手

以腰为轴带动两手在体前翻转拧裹立圆云拨，手高不过眉；重心平稳。

5. 穿梭

两手上托和前推协调一致，两臂成弧形，前推手高不过眉，低不过腰；沉肩垂肘，松腰敛臀。

6. 掩手肱捶

拳随前臂内旋由肋间向前冲出，高不过胸，低不过腰，力达拳面。

7. 倒卷肱

前推手高不过眉，低不过肩；退步轻灵，身体平稳。

8. 搬拦捶

手臂不可伸直，搬（压）拳和拦掌动作有明显的弧度，不可直来直往；身体转动与两臂动作要配合恰当。

（二）步型

1. 弓步：一腿半蹲，大腿成水平，脚尖微内扣，膝约与脚尖垂直；另一腿伸直，脚尖内扣斜向前方，两脚全脚着地。

2. 仆步：一腿全蹲，大腿和小腿靠紧，臀部接近小腿，膝与脚尖外展；另一腿平铺伸直，脚尖内扣，两脚全脚着地。

3. 虚步：一腿屈膝半蹲，脚尖外展；另一腿屈膝前伸，前脚掌虚点地面；身体重心落于后腿。

二、太极剑

（一）剑法

1. 刺剑：立剑，剑尖向前直出，臂与剑身成一直线，力达剑尖。

2. 挂剑：立剑，剑尖由前向下、向后贴身立圆环绕，力达剑身前段。

3. 撩剑：立剑，由下向前上撩起，力达剑刃前段。

4. 点剑：立剑，提腕，剑尖向前下点击，力达剑锋。

5. 劈剑：立剑，由上向下劈落，力达剑刃。

6. 截剑：剑斜向上或斜向下摆击，力达剑刃前段。

7. 抹剑：平剑，由前向左或向右弧形抽回，高度在胸腹之间，力达剑刃。

8. 绞剑：平剑，剑尖向左或向右小立圆绕环，力达剑刃前段。

（二）步型

1. 弓步：一腿半蹲，大腿成水平，脚尖微内扣，膝约与脚尖垂直；另一腿伸直，脚尖内扣斜向前方，两脚全脚着地。

2. 仆步：一腿全蹲，大腿和小腿靠紧，臀部接近小腿，膝与脚尖外展；另一腿平铺伸直，脚尖内扣，两脚全脚着地。

3. 虚步：一腿屈膝半蹲，脚尖外展；另一腿屈膝前伸，前脚掌虚点地面；身体重心落于后腿。

第十四章　竞赛礼仪

一、抱拳礼

并步站立。左掌右拳在胸前相抱，左指根线与右拳棱相齐，高与胸齐，掌、拳与胸部的距离为 20~30 厘米。

抱拳礼

二、抱刀礼

并步站立。左手抱刀，屈臂抬起使刀横于胸前，刀刃向上；右手成掌，掌心附于左手拇指第一指节上，高与胸齐，两手与胸部的距离为 20~30 厘米。

抱刀礼

三、持剑礼

并步站立。左手持剑，屈臂抬起使剑身贴前臂外侧斜横于胸前；右手成掌，掌外沿附于左手食指根节，高与胸齐，两手与胸部的距离为20~30厘米。

持剑礼

四、持枪（棍）礼

并步站立。右手持枪（棍）靠把端约三分之一处，屈臂置于胸前，枪（棍）身直立；左手成掌，附于右手拇指第二指节上，两手与胸部的距离为20~30厘米。

持枪（棍）礼

运动员若持双器械，应将器械交一手持握，行抱刀礼或持剑礼、持枪（棍）礼；若不能一手持握器械，则应两手持械面向裁判长立正行注目礼。其他器械参照以上各种礼仪执行。

当检录员检查器械或裁判长要求检查器械时，若是短器械，运动员应使器械尖向下，将器械竖直递上；若是长器械，运动员则应使梢（尖）向上，将器械竖直递上。

附：武术套路竞赛常用表格

报 名 表

运动队：______ 领队：______ 性别：__ 教练员：______ 性别：__ 教练员：______ 性别：__ 医生：______ 性别：__

编号	姓名	性别	出生日期	拳术			短器械				长器械			对练		全能	集体	备注
				长拳	南拳	太极拳	剑术	刀术	南刀	太极剑	枪术	棍术	南棍	两人	三人			
1																		
2																		
3																		
4																		
5																		
6																		
7																		
8																		
9																		
集体项目名称						对练名称		①				②				③		

说明：1. 运动员参赛项目均在其对应的项目栏中画“●”。

2.“出生日期”以年月日顺序填写，如按“1980–01–01”格式填写。

3. 对练、集体项目均要填写套路名称，对练项目陪练者应在该运动员姓名后的备注栏里注明（陪）字。

4. 对练项目报名超过两组，请分别在对练运动员后的备注栏里注明①、②、③等。

5. 表中项目设置栏，可根据不同竞赛性质，按每次比赛竞赛规程的规定自行调整。

联系人姓名：______ 手机：______ 运动队：______（盖章）______ 填报时间：____年____月____日

参加人数统计表

序号	运动队	运动员			领队			教练			医生			超编人员			合计
		男	女	小计	男	女	小计	男	女	小计	男	女	小计	男	女	小计	
1																	
2																	
3																	
4																	
5																	
6																	
7																	
8																	
9																	
10																	
11																	
12																	
……																	
总计																	

比赛项次统计表

序号	运动队	长拳类										太极类				南拳类						对练		集体项目	合计
		长拳		剑术		刀术		枪术		棍术		太极拳		太极剑		南拳		南刀		南棍					
		男	女	男	女	男	女	男	女	男	女	男	女	男	女	男	女	男	女	男	女	男	女		
1																									
2																									
3																									
4																									
5																									
6																									
7																									
8																									
9																									
10																									
11																									
12																									
……																									
总计																									

说明：表格设置可根据不同竞赛性质，按每次比赛竞赛规程的规定自行调整。

难度及规定内容申报表

运动队：________________教练员姓名：_______联系电话：_______

运动员姓名：________性别：___ 身高：___厘米

出生日期：___________参赛项目：__________

难度申报：

第一段	编码								
	分值								
第二段	编码								
	分值								
第三段	编码								
	分值								
第四段	编码								
	分值								

难 度 分：________分。
动作难度：________分。
连接难度：________分。
创新难度：________分。

规定内容申报：

第一段						
第二段						
第三段						
第四段						

说明：1. 按套路中动作难度和连接难度的先后顺序将其对应的编码分段落由左至右分别填入表中。

2. 将动作难度和连接难度相对应的分值分别填入。

运 动 队：______(盖 章)______

填报时间：______年　月　日

创新难度申报审批表

<table>
<tr><td>申报单位</td><td></td><td colspan="2">教练员姓名</td><td colspan="2"></td><td colspan="2">联系电话</td><td></td></tr>
<tr><td>运动员姓名</td><td></td><td>性别</td><td></td><td>年龄</td><td colspan="2"></td><td>项目</td><td></td></tr>
<tr><td colspan="9">动作内容：</td></tr>
<tr><td colspan="9">动作图示：</td></tr>
<tr><td colspan="9">难点说明：</td></tr>
<tr><td colspan="9">影像资料：
已报送：　　未报送：</td></tr>
<tr><td colspan="7" rowspan="4">审核结果：
动作名称：
难度等级：　难度分值：　难度编码：</td><td colspan="2">总票数：　票</td></tr>
<tr><td colspan="2">同　意：　票</td></tr>
<tr><td colspan="2">反　对：　票</td></tr>
<tr><td colspan="2">弃　权：　票</td></tr>
<tr><td colspan="7">评审专家签名：</td><td colspan="2">评审主任签名：</td></tr>
</table>

申报单位：（盖 章）

申报日期：　年　月　日

申 诉 表

申诉运动队：

申 诉 时 间：

申 诉 内 容：

领队或教练员签字：

仲裁委员会最终裁决：

仲裁委员会主任签字：

受理时间：

裁决时间：

比赛顺序表

（比赛项目）

第___场　第___场地　第___组

年　月　日上午（下午 / 晚上）星期___

序号	姓名	运动队	序号	姓名	运动队
1	×××	×××	26	×××	×××
2	×××	×××	27	×××	×××
3	×××	×××	28	×××	×××
4	×××	×××	29	×××	×××
5	×××	×××	30	×××	×××
6	×××	×××	31	×××	×××
7	×××	×××	32	×××	×××
8	×××	×××	33	×××	×××
9	×××	×××	34	×××	×××
10	×××	×××	35	×××	×××
11	×××	×××	36	×××	×××
12	×××	×××	37	×××	×××
13	×××	×××	38	×××	×××
14	×××	×××	39	×××	×××
15	×××	×××	40	×××	×××
16	×××	×××	41	×××	×××
17	×××	×××	42	×××	×××
18	×××	×××	43	×××	×××
19	×××	×××	44	×××	×××
20	×××	×××	45	×××	×××
21	×××	×××	46	×××	×××
22	×××	×××	47	×××	×××
23	×××	×××	48	×××	×××
24	×××	×××	49	×××	×××
25	×××	×××	50	×××	×××

抽签代表签名：__________　　编排记录长签名：__________

总裁判长签名：__________

动作质量评分记录表

比赛项目：　　　　　第___场 第___场地 第___组　　　　　年　月　日

序号	扣分编码及分值													应扣分	应得分
1	编码														
	分值														
2	编码														
	分值														
3	编码														
	分值														
4	编码														
	分值														
5	编码														
	分值														
6	编码														
	分值														
7	编码														
	分值														
8	编码														
	分值														
9	编码														
	分值														
10	编码														
	分值														
11	编码														
	分值														
12	编码														
	分值														
13	编码														
	分值														
14	编码														
	分值														
15	编码														
	分值														
16	编码														
	分值														

评分裁判员位置：______号　　评分裁判员签名：____________

动作质量评分表

比赛项目：　　　　　　　第___场 第___场地 第___组　　　　年　月　日

序号	扣分编码及分值													应扣分	应得分
3	编码														
	分值														

评分裁判员位置：____号　　评分裁判员签名：________

动作质量评分表

比赛项目：　　　　　　　第___场 第___场地 第___组　　　　年　月　日

序号	扣分编码及分值													应扣分	应得分
2	编码														
	分值														

评分裁判员位置：____号　　评分裁判员签名：________

动作质量评分表

比赛项目：　　　　　　　第___场 第___场地 第___组　　　　年　月　日

序号	扣分编码及分值													应扣分	应得分
1	编码														
	分值														

评分裁判员位置：____号　　评分裁判员签名：________

演练水平评分记录表

比赛项目：　　　　　　第___场 第___场地 第___组　　　　年　月　日

序号	扣分编码及分值											应扣分	等级分	应得分
1	编码													
	分值													
2	编码													
	分值													
3	编码													
	分值													
4	编码													
	分值													
5	编码													
	分值													
6	编码													
	分值													
7	编码													
	分值													
8	编码													
	分值													
9	编码													
	分值													
10	编码													
	分值													
11	编码													
	分值													
12	编码													
	分值													
13	编码													
	分值													
14	编码													
	分值													
15	编码													
	分值													
16	编码													
	分值													

评分裁判员位置：_____号　　评分裁判员 / 裁判长签名：____________

演练水平评分表

比赛项目：　　　　第___场 第___场地 第___组　　　　年　月　日

序号	扣分编码及分值											应扣分	等级分	应得分
3	编码													
	分值													

评分裁判员位置：____号　　评分裁判员 / 裁判长签名：__________

演练水平评分表

比赛项目：　　　　第___场 第___场地 第___组　　　　年　月　日

序号	扣分编码及分值											应扣分	等级分	应得分
2	编码													
	分值													

评分裁判员位置：____号　　评分裁判员 / 裁判长签名：__________

演练水平评分表

比赛项目：　　　　第___场 第___场地 第___组　　　　年　月　日

序号	扣分编码及分值											应扣分	等级分	应得分
1	编码													
	分值													

评分裁判员位置：____号　　评分裁判员 / 裁判长签名：__________

难度评分记录表

比赛项目：　　　　　　第___场 第___场地 第___组　　　　年　月　日

序号	编码、分值、评判															应得分
1	编码															
	分值															
	评判															
2	编码															
	分值															
	评判															
3	编码															
	分值															
	评判															
4	编码															
	分值															
	评判															
5	编码															
	分值															
	评判															
6	编码															
	分值															
	评判															
7	编码															
	分值															
	评判															
8	编码															
	分值															
	评判															
9	编码															
	分值															
	评判															
10	编码															
	分值															
	评判															

评分裁判员位置：_____号　　评分裁判员签名：__________

难度评分表

比赛项目：　　　　第___场 第___场地 第___组　　　　年　月　日

序号	编码、分值、评判															应得分
3	编码															
	分值															
	评判															

评分裁判员位置：____号　　评分裁判员签名：__________

难度评分表

比赛项目：　　　　第___场 第___场地 第___组　　　　年　月　日

序号	编码、分值、评判															应得分
2	编码															
	分值															
	评判															

评分裁判员位置：____号　　评分裁判员签名：__________

难度评分表

比赛项目：　　　　第___场 第___场地 第___组　　　　年　月　日

序号	编码、分值、评判															应得分
1	编码															
	分值															
	评判															

评分裁判员位置：____号　　评分裁判员签名：__________

自选项目评分记录总表

比赛项目：　　　　第＿场 第＿场地 第＿组　　　　年　月　日

序号	姓名	运动队	最后得分	完成时间	裁判长加/扣分	动作质量评分	动作质量应得分	演练水平评分		演练水平应得分	难度评分	难度应得分
						扣分编码		等级分	扣分编码		评判	
1												
2												
3												
4												
5												
6												
7												
8												
9												
10												
11												
12												
13												
14												
15												
16												

说明：扣分编码之间用分隔符“/”隔开；难度确认用“√”表示，不确认用“×”表示，相邻符号之间用分隔符“/”隔开。

检录长签名：＿＿＿＿　编排记录长签名：＿＿＿＿　裁判长签名：＿＿＿＿

规定、对练和集体项目评分记录总表

比赛项目：　　　　　　第___场 第___场地 第___组　　　　　　年　月　日

序号	姓名（项目）	运动队	最后得分	完成时间	裁判长扣分	动作质量评分	动作质量应得分	演练水平评分		演练水平应得分
						扣分编码		等级分	扣分编码	
1										
2										
3										
4										
5										
6										
7										
8										
9										
10										
11										
12										
13										
14										
15										
16										

说明：扣分编码之间用分隔符“/”隔开。

检录长签名：__________　　编排记录长签名：__________　　裁判长签名：__________

传统项目评分记录总表

比赛项目：　　　　第___场 第___场地 第___组　　　　年　月　日

序号	姓名	运动队	最后得分	完成时间	裁判长扣分	动作质量评分				演练水平评分				
						J1	J3	J5	应得分	J2	J4	J6	HJ	应得分
1														
2														
3														
4														
5														
6														
7														
8														
9														
10														
11														
12														
13														
14														
15														
16														

说明：J1、J3、J5为动作质量评分裁判员，J2、J4、J6为演练水平评分裁判员，HJ为裁判长。

检录长签名：__________　　编排记录长签名：__________　　裁判长签名：__________

成绩公告

（比赛项目）

比赛地点：＿＿＿＿＿＿　　　　年　月　日上午（下午/晚上）

名次	姓名	运动队	成绩	备注
1	×××	××××	×.××	×××
2	×××	××××	×.××	×××
3	×××	××××	×.××	×××
4	×××	××××	×.××	×××
5	×××	××××	×.××	×××
6	×××	××××	×.××	×××
7	×××	××××	×.××	×××
8	×××	××××	×.××	×××
9	×××	××××	×.××	×××
10	×××	××××	×.××	×××
11	×××	××××	×.××	×××
12	×××	××××	×.××	×××
13	×××	××××	×.××	×××
14	×××	××××	×.××	×××
15	×××	××××	×.××	×××
16	×××	××××	×.××	×××
17	×××	××××	×.××	×××
18	×××	××××	×.××	×××
19	×××	××××	×.××	×××
20	×××	××××	×.××	×××
21	×××	××××	×.××	×××
22	×××	××××	×.××	×××
23	×××	××××	×.××	×××
24	×××	××××	×.××	×××
25	×××	××××	×.××	×××

编排记录长签名：＿＿＿＿＿＿　　　　总裁判长签名：＿＿＿＿＿＿

单项（对练、全能）录取名次公告

项目				备注
名次	姓名	运动队	成绩	
第一名				
第二名				
第三名				
第四名				
第五名				
第六名				
第七名				
第八名				

说明：名次录取数量可按照竞赛规程规定增减。

编排记录长签名：__________　　总裁判长签名：__________

团体（集体项目）录取名次公告

名次	运动队	成绩	备注
第一名			
第二名			
第三名			
第四名			
第五名			
第六名			
第七名			
第八名			

说明：名次录取数量可按照竞赛规程规定增减。

编排记录长签名：__________　　　总裁判长签名：__________

总成绩公告

运动队	编号	姓名	拳术			短器械				长器械			对练	个人全能	集体项目	团体总分	团体名次
			长拳	南拳	太极拳	剑术	刀术	南刀	太极剑	枪术	棍术	南棍					
	1																
	2																
	3																
	4																
	5																
	6																
	1																
	2																
	3																
	4																
	5																
	6																

说明：1. 记录成绩时，最后得分和名次之间用分隔符“/”隔开，即“最后得分 / 名次”。

2. 表格设置可根据不同竞赛性质，按每次比赛竞赛规程的规定自行调整。

编排记录长签名：________　　总裁判长签名：________

成绩公告栏示意图

（比赛项目）

（序号）　　　　　　　　（姓名）　　　　　　　　（运动队）

动作质量扣分编码：
动作质量应得分：

演练水平等级分：
编排扣分编码：
演练水平应得分：

难度评判：
难度应得分：

裁判长加分/扣分：

最后得分：

说明：1. 此公布栏在无电子计分系统时使用，由编排记录员负责填写。

2. 公布栏使用磁性书写白板，挂在墙上或撑架在检录处，以便教练员和运动员观看并监督。

3. 动作质量和编排扣分编码可直接书写在板上，也可写在白色圆形磁钉上，然后按顺序吸附在板上。

4. 按套路中难度出现的先后位置顺序，直接将确认的难度书写在板上，也可使用圆形磁钉按顺序直接吸附在板上，确认的难度用红色磁钉，不确认的难度用黑色磁钉。